滌盡塵俗的心之旅

印度流浪記

胡菀如◎著

目錄

004

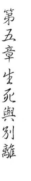

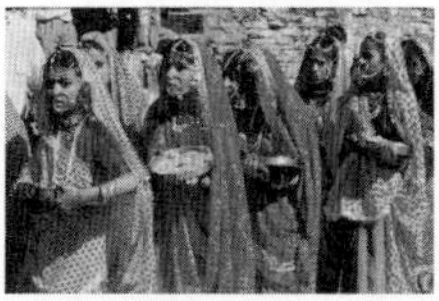

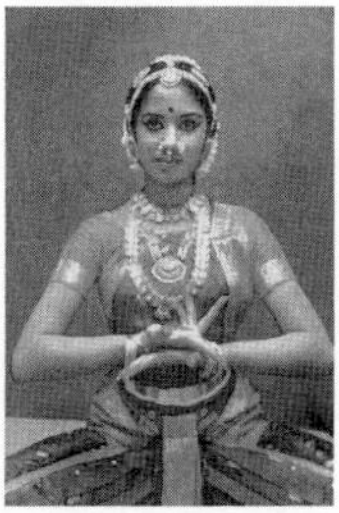

楔子

我總覺得自己的心靈猶如一顆水滴，和其他的許多水滴聚成了一條河流，這條河流時急時緩，但它總是不停的流動，經過高山、田園、荒野、森林、沙漠、村莊、城鎮……之後回歸大海，為下一次人生的旅程做另一番的醞釀。

小時候外婆家巷口的臭水溝裡有的是停滯不動的死水，那發出惡臭的水是永遠也回不到大海的。有一次我在溝邊玩，一不小心掉了進去，渾身的臭味讓外婆怎麼洗也洗不去。舅舅和阿姨們為此事笑了好多年才漸漸淡忘。但是那死水的臭味卻成了我一生的警惕。我常常想，一灘水在一個地方停滯久了會變成死水，那麼人呢？在一個地方「呆」久了，他是否成為行屍走肉呢？至少我一定會的。往往，如果我在一個地方或環境裡超過了應待的時間，那死水開始發酵的味道便開始從我的皮膚侵入，然後感到坐立難安、氣血開始阻塞、食不知味、手腳冰冷、面色蒼白、兩眼無神。這般的病情發作了幾次之後，我也就久病成良醫，明白了病因，原來該動身的時候到了！

與其說我是一個旅行者，到不如說我是一個流浪者來得貼切。因為從一開始我就沒有什麼雄心大志，從沒想過要去哪裡哪裡，打從懂事，命運就開始為我灌注流浪的血液，從高雄的外婆家搬到台北，台北到約旦，約旦到台灣，台灣到沙烏地，沙烏地到英國，英國到舊金山。十九歲那年，我又隨著命運回到台灣。在台灣碰到了和我一生四處漂泊的彼得，我們兩個一起去了一次泰國後，發現我們倆是最好的流浪拍檔，於是我們開始一起流浪了。我發覺這時我長大了，從此不再是命運一昧地帶著我，而我也開始帶著命運一起走。

彼得和我一樣從小就開始過著流浪的生涯，出生在加拿大落磯山脈的他，小學的時候便和家人搬到新幾內亞，後來又到澳洲，十六歲時便背起行囊到巴黎。歐洲遊遍後，便在瑞士住下來，和三、五個好友夏天蓋房子，冬天下雪前便如候鳥般往南方遷移。他們一群人步行，搭便車，坐公車，經過義大利、南斯拉夫、保加利亞、土耳其、伊朗、阿富汗、巴基斯坦，最後在印度棲息，如此往往返返地過了八個寒暑。我問他—為什麼是印度？他說了很多：那裡的生活費用低，旅費花得慢、那裡的氣候溫暖、那裡有許多有意思的東西、那裡有深遠的歷史、那裡有許多有意思的人！那裡是一個屬於靈性的世界！

與印度的約會果然震撼了我的心靈。那土地上的靈性，不但幫助我了解到許多我在別處了解不到的東西，亦幫我指引了心靈的方向。

回想外婆村裡的阿公、阿婆們總是在傍晚時拿出矮凳，順著自己的回憶說出大陸上的經歷，從人、鬼到狐仙、精靈。我們小蘿蔔頭都一個個聽得津津有味，直到家人喊了也不願意回去！綴著繁星的天空成了我們的屋頂，從這些來自中國各省的爺爺、婆婆口中，我們不但聽到了數不清的故事，也感受到了無限豐盛的感情，那些回憶中的故事勾畫出了村中每個人對自己家鄉每一草、每一木、每一靈、每一魂的思念，那些故事參雜著他們動人心魄的感情。他們沒有去管措辭，他們有的甚至口齒不清，結結巴巴，但是我們愛聽！愛聽的不僅是那些我們從沒見到的人和事，也是他們那沒有說出的感情！後來我才了解，原來對我們這些毛頭說故事，成了他們不得不做的事情，不做，對不起他們家鄉的情和靈，對不起我們這些迷糊的小鬼，也對不起他們自己的心靈！

這些故事隨著成長漸漸變得模糊，但是老人們對生命那倔強的感情卻早已在我身上烙了印。暗地裡，我知道我的骨子裡一直流著村子裡老人們那說故事的血液，畢竟外婆也是每天說故事的阿婆們之一。

印度的旅程讓我體會了村中老人們要說出那些故事的心情。於是，說出這段我在印度的故事，成了我不得不做的事情。暗地裡，我明白，寫出在那土地上所遇到的故事，才對得起那時和我相遇的人們和心靈，對得起想聽到的人們，並對得起自己的感情！

拖了那麼多年才將它寫出來，是因為那時年輕，即使有許多經歷，也無法將一個古老的國度所帶的氣息描繪出來，經過多年的沉澱，現在我終於知道如何自然地讓這些故事裡的生命和讀者的心靈契合，讓大家的精神與我們同行！

… 印 度 旅 遊 路 線 圖 …

印度
尼泊爾
Agra
阿格拉.
Varanasi
瓦拉納西
Calcutta
Raipur
可拉布
Korapūt
Konarak
Motu
Vizianagaram

流浪

我從來沒有刻意地去選擇如何地過生活，或者是要去什麼地方，從小，命運便已幫我做了安排。跟著外婆長大的我，六歲被媽媽搬到台北，從此便跟著大人四處搬家，有一年媽媽算算我們在台北搬了八次家，後來因為爸爸工作的關係，我們一搬就搬到既遙遠又神祕的約旦，兩年的沙漠居住讓那時年幼的我打開了對世上人們的好奇之窗，而這扇窗一直在我的心靈深處敞開著。在這之後，我便如行舟似地乘隨著流水般的命運四處居住，台灣、沙烏地、英國、美國。流浪的生活便很自然地成為了我最熟悉的生活方式，也是我最喜愛用來探索生命的方式，內心深處的那盞燈總是在夜深人靜的時候提醒著我說，「唯有在流浪的灑脫裡，妳才能毫無約束地對生命做徹底的觀察、體驗和探尋」。我常想，也許唯有用自己的生命去體會生活，才能明白一些較實在的東西吧！

十九歲那年我回到台北，和跟我一樣從小就東飄西泊的彼得相遇。我們兩個的經歷算起來，他在東方的時候我在西方，而我在東方的時候他在西方，最後終於在台北碰面。常常，我們談到彼此住過的地方、遇到的人們、碰到的事情，兩個人身上藏著許多許多的故事，怎麼談也談不完。但是每當談到他在印度的經驗時，我問他印度到底是什麼樣子？他總是皺起了眉頭，認真地想了很久，然後微笑裡帶著神祕地回答「那是另一個世界！」。感覺上，那地方好像永遠無法用言語形容。他說了許多有關印度的故事，但是印度到底是什麼樣子？他愈講我愈迷糊，這愈是挑起我對它的好奇，過了一段時間，好奇演變成了嚮往。然後，有一天，我突然發現印度已成了我非去不可的地方。

第一章

城市中的夥伴

飛向加爾各答（Calcutta）

這天，是個萬里無雲的日子，我右肩背著心愛的灰布包，左手拿著登機證，在曼谷機場裡，緊緊地跟著彼得和剛在機場交到的新朋友米卡，大氣喘喘地奔過了二十幾個登機門。廣播器不時地發出我們三個人的名字。就這樣，我開始了日日期盼的印度流浪，飛向我們旅程的起點——「加爾各答」。

我們順著摩登的管子跑進了舊小的飛機，空中服務員一副好像已經在機門口等了我們很久的樣子。我們一跨進機門就像是到了另一個世界，飛機裡面塞滿了印度男人！他們每個人的輪廓都畫得深刻，皮膚黑裡透亮，體味參雜著濃重的香水味，讓人感覺在狹小的機艙裡呼吸有一點困難。他們一邊用濃重的口音說著包含印度語的英文，或者夾著英文的印度語，一邊習慣性地搖晃著頭。其中有一些穿著西裝，看起來像小商人，有一些穿著又新又硬又不合身的牛仔衣褲，感覺上這些衣服像是掛在他們的身上，而不是穿著的，更奇怪的是這些牛仔衣褲都是同樣的樣式同樣的質料，並且同樣的沒有廠牌，這情景讓我感到納悶。過了好久謎底才解開，原來他們全都是跑單幫的。他們的皮箱裡也塞滿了

一模一樣的牛仔衣褲。我們其實也和他們一樣，帶了一些我們不需要的東西進來賣，彼得這隻老鳥在曼谷機場買了兩瓶烈酒和幾盒煙，看到我滿臉的狐疑才告訴我，「這是帶進去賣給商家的！」。我在這之前只聽過人家旅行時買東西，旅行時賣東西可是頭一遭！

想到我和他們正在一起飛向我夢中的「喜悅之城」時，一顆心就按捺不住蹦蹦地跳起來。年少的我聽了彼得講述那麼多有關印度的故事，想像中的那塊土地應是尚未被所謂「現代文明」給污染的淨土，現在，我迫不及待地想看看那「淨土」是否能給我一些在生命中還沒找到的東西。

我們三個飛機裡唯一的外國人，在機艙肚中央的左側坐成了一排。黑髮黃膚的我坐在中間，左邊靠窗户坐著黃髮俊瘦，右耳上掛著小金環的彼得，右邊坐的是我們在機場等待誤點六個多小時的印度航空時所結識的芬蘭人米卡。兩瓶泰國酒打開了我們的話閘。高高壯壯的米卡，頂著一個大大的龐克頭，腦袋裡不是很靈活，但還算正經。他也是和我一樣第一次去印度，我們兩個對於未來的旅途茫茫無知，只是心中滿溢著興奮。

這個如巴士一般的飛機，奇蹟似地在空中飛著，邊飛邊發出喀拉喀拉的聲音。我們三個雖然嘴裡不說，其實心裡都在發毛，不知自己是否能夠活著到印度。我們向空服員點酒，希望能借酒壯膽，擺脫一些心中的恐懼。

男空服員長得一副厚實方正的樣子，也許是覺得我們年少輕安吧，他將兩撇濃厚的粗眉蹙成了一條粗線，不太情願地說「飛機上只有一瓶威士忌，沒有酒杯！」。他這話可沒讓我們打退堂鼓，只要有酒，怎麼樣喝就無所謂了，尤其是在這個飛機上！於是，我們淡淡地對不耐煩的他說「沒關係，拿來吧。」

我們三個人輪流抱著酒瓶，你一口我一口乾著寶貴的威士忌，心中夾雜著百般的心情。我們興奮，因為能去印度，算是我們這生有幸。但是時時作響的飛機卻好像每個螺絲都要鬆開了，不免讓我們驚心，懷疑我們是否能夠平安地在印度踏下我們的腳印！束手無策的我們只好一邊喝酒，一邊說一些無關緊要的話，心中則祈禱上蒼能保佑我們平安到達加爾各答！

我的座位後面坐著一個帶著歐洲臉孔，長相斯文的年輕人，他向我們要了一口酒，加入了我們的行列。他名字叫李查，是亞美尼亞人，現在國家被佔領了，十九歲的他便做著曼谷與加爾各答之間跑單幫的生意。那張俊瘦的臉上藏著一雙炯炯有神的大眼睛，嘴角不時地抿著剛毅的微笑。世故中帶著剛強的他和我們一起聊天並分享這個「分享威士忌」的緣分，就這樣，我們四個忘掉了飛機的老舊和所發出的古怪聲音，安全的抵達加爾各答。

下了飛機，李查便一副身負重任，急得要先走的樣子。我們彼此沒有留下地址電話，只有聲聲祝福。然而在心靈的某處我總有一種會和他再相聚的感覺。我在心中默默祈禱他一切順利過關，因為我知道海關一定會給他很多麻煩。

彼得拿著他的加拿大護照，輕輕鬆鬆地過了海關，接著是心中忐忑不安的我。飛機上的那瓶威士忌讓我仍帶著微醺，手中拿著綠皮的護照和一張不但花了三千塊台幣的律師費和四個月的等候，而且已經破爛的簽證。深怕海關大人不讓進門的我因為緊張，講話開始結結巴巴，解釋了半天，海關先生終於開了口「好了，但是你的簽證只有一個月！」

「是，是，我知道！」我乖乖地回答，其實我的計劃是再多延長一個月，但此時此地我不太敢和把關的大爺多囉唆。彼得悄悄告訴我還是先踏進這塊土地為妙，簽證延期的事最好以後再說！

就這樣我戰戰兢兢地過了海關，走出了這個讓我聯想起台灣電影院門口的機場。漆黑的夜裡，我們三個人在機場門口坐上了一部英國式的黑包車，便開始了我們在這個神祕國度裡的探險。

鑽進包車，我才發現，車裡年輕的司機不但滿口的酒氣，而且還抽著濃得嗆人的印度煙。彼得不但不在意，反而興奮地向司機要了煙絲和三張捲葉，他邊將菸絲放在葉子中，用手指老練地捲了三根煙，邊一副很懷念地說「我已經很久沒抽這個煙了！」

他給了我和米卡一人一根。我輕輕地吸一口，濃嗆的煙直便讓我眼冒金星，抽了兩口就無法再抽下去，我偷偷地把它放入口袋中，趁他們不注意時就將它拋出窗外。司機先生裂開著大嘴，得意地將車子當成了雲霄飛車開；每一個轉彎車子都像要飛出去似地。我們三個人就這樣在罩滿濃煙的飛車裡，隨著黑司

機失控似地在黑夜中驚險地飛馳向市中心。

晚上十點多的加爾各答市郊是冷清的。待我們到了市中心，卻發現到處都是車和人，萬家的燈火將黑夜變成了白天，我們驚嘆不已！

「到沙德街！」彼得告訴了黑司機，這是他熟悉的地盤。通常像我們這種沒有很多錢的遊子都會來這種比較便宜的地區找棲身之地。古老的石街上矗立著巨石砌成的樓房，身裹白袍的人們和來來往往的人力車為這街道增添了不少生氣。蹲在土炕上的老爹們正燒著印度茶，濃濃的煙霧和著蒸氣為這城市披上了一層神祕的紗巾。聞著印度茶香，我心撲撲地跳著，反覆地問著自己，這週遭一切是真實嗎？還是幻境呢？

我們下了車，還沒站穩，就被對街的一群印度巴巴（在印度，中年以上的男子都可被尊稱為巴巴）看準了。

其中一個小個子男人往我們三個人走來，他滿頭捲髮連著滿臉的鬍子，讓人看不出哪根是頭髮哪根是鬍子，整張瘦小的臉只看得到一雙如猴般精靈的眼睛。他不慌不忙地從口中溜出了一大串話「你們要找地方住是吧？沒問題！我幫你們，你們跟我來，我在這個城市裡認識許多人，我有許多好兄弟，我的名字是克里希納，先生請問你叫什麼名字？」印度有個神祇名字叫作克里希納(Krishna)，之後過了一陣子，我才明白這是一個很普遍的名字，每十個人裡一定會有一個人叫克里希納。

「彼得。」彼得似乎覺得這人可以信賴，開始跟他攀談起來。

「喔，什麼國家？」他又問。

「加拿大。」彼得答。

「喔！很好，謝謝你，喔，加拿大是很好的國家。」他又轉向我「那麼妳呢？女士，妳的國家是哪？」

「台灣！」但我總覺得他有點靠不住。

「啊！泰國，很好的國家，謝謝你。」他說。

「不是泰國，是台灣。」

「啊！台灣，很好很好，謝謝妳！」他含糊地對我說。我對他完全失去信心了。

接著，他又轉向我們的芬蘭朋友，依樣畫葫蘆地與他進行同樣的對話。

於是五十來歲的克里希納，一邊扯著牛皮，一邊帶我們去找個歇腳之地。夜漸漸深了，聖誕節前的冷風在大街小巷裡吹著，馬路邊、樓房前的台階上，處處都躺滿了露天而宿的人們，每個人都是用一塊舊布從頭裹到腳，像是一具具的木乃伊。這景象和氣氛讓我既心驚又擔心。心想，可千萬別讓我們三個人和這些木乃伊們作伴！要的話，也別是我們在印度的第一晚！

旅店的大門此時都上了鎖，克里希納拉大了沙啞的嗓門叫了半天，終於叫開了一個旅館的門縫，一個小小的頭從門縫裡探出來，克里希納擠了進去，嘰哩呱啦地講了一陣，出來後就搖晃著頭說「沒有問題，我帶你們去另外一家，那家的人是我的兄弟！」

於是，我們三個人帶著一堆行李，坐著高高的馬車上，三更半夜在這個神祕朦朧的古城裡，顛顛簸簸地四處拜訪克里希納在加爾各答的兄弟們。

終於在他的第九家兄弟那找到了地方。旅館內俗氣的裝飾讓人一看就知道這是小商人住的旅館，這意味著我們得花一筆意料之外的錢，但是疲累的我們再也顧不了那麼多了。克里希納跟他們講了半天，他們終於答應讓我們住進他們的會客室裡，因為房間都滿了。會客室的價錢當然更貴，經過長時間折騰的我們已經累得有口難言，現在只要有地方給我們睡在印度的第一覺就夠了。

旅館櫃台裡的幾個男服務員，不時從眼角對我發出怪異的眼光。看得出來，我的身份對保守的他們來說是個謎。他們的表情將頭腦裡的想法刻畫得清晰：一個中國女子怎麼會和和兩個黃頭髮的男人在一起？其中一個還留著怪模怪樣的髮型！我想著好笑，卻無法向他們解釋什麼，反正清者自清，他們要怎麼想隨他們去吧！登記了一大堆東西後，克里希納向我們要了十塊盧比和三根香煙，然後很滿足地向我們說「願上帝保護你們，晚安！」，便快樂地轉身離去。我們三個人則走進了會客室，各自倒在行軍床上，馬上進入夢鄉裡。

加爾各答的白晝很快就來臨了！大車小車的喇叭聲和地攤小販的叫喚聲相互共鳴，窗外的大烏鴉硬是不將我和彼得叫醒不罷休。芬蘭大漢還在呼呼大睡，看起來他還要睡上三天的樣子。

我，愛上了這裡的生命

我和彼得被窗外的熱鬧搞得一點也沒有睡意，兩個人乾脆爬起來，去看看一直活在我夢中的國度。我們走出小旅館，順著寬闊的街道走到街口，然後過馬路右轉，在一家食堂前停了下來，濃濃的印度咖啡香豁然打開了我們的食慾，隨著店老板的熱情招呼我們進了店，坐了下來。不到一會兒的功夫，我的右手已經抓著熱騰騰的酥餅，口裡喝著香濃有味的印度咖啡，我們在印度的第一個早晨就這麼奇異地開始了。

小街上的雜貨店一家家地打開，每家都有狹長的兩扇木門，木門裡面一個半坪左右，小如木箱似的店面，牆上整齊的雜貨，如沙丁魚一般地擠著，一丁點空間也沒有浪費。從香煙、檳榔到眼鏡、漫畫書，琳瑯滿目，應有盡有。到了晚上老板只要把門一關，小店就成了棲身之地，老舊的木板門被蟲蛀了小孔，所以可以幫助空氣流通。這樣居住外加開店，簡單方便，又省了多餘的房租，簡直是一舉數得。

我們填滿了口腹之慾後，走回大街上，不到一刻鐘便將彼得帶進來的兩盒洋煙賣給了一家雜貨店。做了這麼多事，回到了旅館，我們的芬蘭朋友居然還在大睡，怎麼叫也叫不醒，彼得只好在櫃台留下了話給他。我們隨即出門去辦三件大事，第一件，問清楚我的簽證延長的事情，第二件，到旅遊中心問有關旅遊的資料。第三件，回沙德街找個價錢比較合理的住處。

為了辦第一件事，我們穿過了大街小巷，來到了警察總局。跨過拱形的門檻，走過深長的迴廊，經過了幾個拘謹地坐在長木凳上的年輕日本人，來到長廊盡頭的窗口。我們講出我的護照名稱，然後不太有把握地問，「可以延長嗎？」。窗內的警察想都不想便很果斷地說「當然，當然，沒問題，任何事情警察總局都可以辦的！」我不太敢相信一切會這麼簡單，但是既然他這麼說了，我也只好暫時放下一顆心。

然後為了第二件事，我們跑了一趟旅遊資訊中心，問了半天卻才發現我們其實那兒都還不想去。原來我連自己現在腳踏的這個城市都還沒搞清楚，怎麼能想得出要去哪裡呢？看來，我們得先把這個稱為「喜悅之城」的加爾各答摸清

楚了再說吧。

為了第三件事，我們回到了沙德街逛一圈，找到了「瑪麗亞客棧」。這個客棧裡有個寬大古老的印度石屋，石屋裡有一個私人的印度式的廁所，這很重要，表示我們不需要用公廁。那廁所的兩片木門推開，一個蹲的馬桶，旁邊放一桶乾淨的水，一個舀子，這當然是洗屁股用的。還好在泰國鄉下住的時候我已經受過了這訓練，所以沒有被嚇倒。

我們兩個打著赤腳，站在臥房冰涼的石地上打量著這個石屋，古老的木頭床前有一個令我心醉不已的印度式化妝檯，古樸精細的檯子帶著一格格的小木抽屜，抽屜裡好似裝滿了無限的古老記憶。化妝檯旁邊高長的古鐘宛如正走在百年前的時刻一般，高高的屋頂讓整個屋子變得空曠。我頓時愛上了這個屬於另一個時空的屋子，我相信住在這裡面，它會帶我到另一個早已被我遺忘的時間和空間裡。黑瘦的跑房一邊晃著頭，一邊說一天八十塊盧比，聽到這個價錢我們想都不想就對他說「我們要定了！」。這石屋比昨晚的會客室便宜了五倍！

回到大街上，我這才發覺昨晚裹在路邊的木乃伊們都不見了，原本用來包木乃伊的布，變成了泛白的布袍。他們在街頭上遊蕩著，有的從布袍裡伸出一張細黃乾枯的手，手中的鐵盆裡盛著兩、三塊輕如羽毛的披索，那乾枯的手讓我心顫。

走進巷道裡，每三步十步，便有一群大人和小孩排著隊圍著一個壓水機，這景象令我想起小時候在外婆家的廚房裡圍繞著壓水機的歡樂童年。它不但是智慧的結晶，而且淳樸老實，讓人一壓一股水，用力壓就給多水，用力小就給少水，那手壓出水的感覺和一開就嘩啦啦出水的水龍頭是完全兩回事。巷子裡的人們三、五成群地一起用它洗澡、洗頭、洗臉、洗腳，帶著滿身的肥皂泡沫，歡樂地沐浴在「喜悅之城」的金色黃昏裡。此時，他們的歡悅散發到整個巷道裡，沾染了我一身，讓我也跟著他們一同沐浴在這溫柔的氣息裡。我的心門豁然開敞！此時，我第一次感覺到，生命沒有束縛！剎那間！無論是苦是樂，我這一生一世，已註定愛上了這裡的生命！

加爾各答的天使

在加爾各答的這幾天，我和彼得私下做了不成文的約定—我們要盡情地，好好地吃東西！因為只有天曉得往後我們要去的地方有沒有什麼好吃的。在這裡，三十幾塊盧比就可以有咖哩雞、咖哩羊、咖哩洋芋，加上一碗鹹豆湯，配上熱熱厚厚的烤軟餅，最後再來一杯印度奶茶，可以讓我們吃得走不動，常常我們就坐在原位上再喝一杯奶茶等著消化。

這天清晨的小鳥清脆的聲音和著黃包車的木輪響聲，將大石屋裡的我們從美夢中喚醒，暖暖的清風溫柔地從木窗吹進來，再也沒有睡意的我們，慢慢爬起。木門上這時發出了敲門聲，站在木門旁的彼得順手開了門，門口站著年輕的門房，看起來老實敦厚的他，一步也不動地站在門口，眼睛看著彼得說「先生，我們這兒可以幫客人洗衣服，如果你們有衣服要洗的話，可以拿給我，只要二十塊盧比。」

聽了他的話，我望著躺在角落的家當，竊竊偷笑。我那個灰色布袋裡面只有三件用來換洗的無袖襯衫，兩件短褲，一塊萬用的沙龍布，和兩件內褲，沒有襪子，因為我只有一雙涼鞋。彼得手提袋裡的內容也比我的多不了多少。在來印度之前我們就打算好了，旅行的時候，包袱裡的東西越少越好（雖然我們兩個呆子還是帶了幾本書）。印度乾燥的天氣，會很快地幫我們將每天換洗下來的衣服晾乾，輕鬆方便，我們從沒有想到衣服要不要包給別人洗這個問題。

彼得對著誠懇的他說「如果有的話，我們一定會拿給你的。」

門房看起來像似得到滿意的回答，邊擺著頭，邊用一口印度腔的英文說「好的，先生，如果您還有任何需要，請不要遲疑，來找我。」

「好的，我們會的，謝謝。」彼得說。

「好的，先生，謝謝你。」輕輕地，他幫我們關上了門。

心裡過意不去的我們，想了一會兒，還是決定把在洗澡間地上待洗的兩套專門用來過海關的衣裳包起來給他洗。於是，幸福的我們把髒衣服一包，送給了站在前院的門房先生，就打開古老的大木門往外走出去。

不知是緣分還是加爾各答太小，我們一踏出門就碰到了克里希納。

「撒拉瑪雷貢（老天保佑你！），我的好朋友，你們早啊，今天好嗎？」克里希納一副很開心看到我們的樣子。今天他換了一件破白布袍，上面套著一件類似麥可傑克遜穿的紅夾克，大大的眼睛藏在滿臉的鬍子裡。更巧的是我們正講著他呢！

「你們有沒有時間？我可以帶你們去找我的兄弟們。」他慢慢地道。

於是克里希納跟著我們，理所當然地讓我們請他大吃大喝起來。我們先到街口的一家酸奶專賣店坐下來喝一大杯酸奶開胃。兩個塌塌米大的店裡坐滿了來自各地的英雄好漢，當然全都不是印度人，大家夥兒都是來喝這家只合外國人口味的那種不太酸的酸奶。牆上貼滿了各式各樣的名稱，香蕉、芒果、蘋果、鳳梨、什錦和原味。我們三個人都向忙得團團轉的跑堂點了一杯原味的酸奶，就坐在木凳子上天南地北地扯著。我們桌旁坐著一個看起來文雅乾淨的男子。他看起來有點孤獨，一點也不像我們這群懶散聒噪的遊子，沒多久他和我們打開了話匣，然而他一開口我們便聽出他是美國人。

「我是來印度學習瑜珈的。」他很有自信地說。

「你要去哪學呢？」彼得很有興趣地問他。自從彼得在泰國和教瑜珈的德國人安帝學了一陣子後，幾乎每天都在練呢！

「在南部，一月五號開課，兩個月的瑜珈教師訓練，上完了課後就可以成為正式的瑜珈老師。」他很有自信的說。

「你想要教瑜珈？」彼得問。

「是的，瑜珈的好處很多。」他開始津津樂道地和彼得討論著瑜珈的好處，我也很想加入他們的談話，但是對於年輕的我來說，瑜珈好像是某種遙不可及的神聖東西，心裡對他們是既羨慕又忌妒。然而，我卻沒想到這正是我往後走向瑜珈訓練的開始。

喝完了酸奶，我們的胃口算是打開了，和二十五歲的未來瑜珈老師道了別，相信在他離開這城之前我們還會再見，畢竟沙德街只是一條小街。

彼得和我跟著克里希納穿過川流不息的菜市場，來到了市場後的小食堂。食堂門口的玻璃櫃裡擺滿了各式各樣的甜點，許多男女老少都在排隊，等著買這些甜得嘴巴都快黏起來的東西。店門前堆得如小山高的洋芋正等著被刷洗，門檻內大鐵鍋裡的鹹豆湯隨著熱騰騰的蒸氣傳出一陣陣的香味，濃黃的咖哩滾著雞塊、洋蔥和洋芋在另一個大鍋子裡煮著。我們三個人跨進店裡，找了個方木

桌坐下，點了鍋裡的豆湯和咖哩菜拌著香軟的長米飯和烤餅，慢慢地享受著。吃飽了後，再喝完一杯奶茶，便已近正午。

飽得發漲的肚子讓我們變得遲鈍，在大街上攔了一部電動三輪車，克里希納說要帶我們去拜訪他的兄弟們，我和彼得一點也不知道他要帶我們去哪裡。三輪車載著我們在大街小巷裡鑽著，一個不小心，鑽進了一個單行道，頓時，所有的大車和小車都直向我們衝來，更不幸的是，其中一輛剛好是警車。長得漆黑的警察先生將白色的制服襯得發亮，他坐進了三輪車司機旁，兩個人便嘰哩咕嚕地講起來，克里希納便忙著為我們翻譯。看起來麻煩不小，警察要司機開到警察局，可能要被罰兩、三百盧比，這可能是司機一個月的收入。於是我們這一堆人就這樣在小小的三輪車裡開開、停停、講講、停停地過了好一陣子。最後在克里希納明智的勸說之下，我和彼得把二十塊盧比給了他，他把紙鈔捲起，然後以哀求的眼神將它遞給了警察，警察先生將紙鈔放在白皮帶裡，一句話也不說，下了車，頭回也不回地走了。

鬆了一口氣的我們，坐在三輪車裡繼續讓司機在古老的巷道裡鑽東鑽西，最後終於在一個有著石砌牆和黃土地的巷子口停了下來。巷子裡一群快樂的小孩子伸長了雙臂，跑來迎接我們。孩子們張著大而明亮的眼睛照亮了佈滿塵土的頭髮，純真的小臉上充滿了歡笑。

小巷的兩旁擺了幾張破舊的藤椅，克里希納像是回到了老家似地自在起來。他將幾張藤椅一擺，請我和彼得坐下，就開始用他那粗啞的聲音向他的兄弟們吆喝。

「撒拉馬雷貢，巴布，來這裡，我的好朋友！」克里希納拉開了沙啞的嗓門。(巴布是印度人對好友的尊稱)

「撒拉馬雷貢。巴布，來這裡，我的好朋友！」他那高瘦的兄弟帶著滿臉的歡喜走過來。

「克里希納先生是很好的人！」高瘦的兄弟很誠懇地對我們說。

看起來忠厚老實的他招呼對街的巴布，端來了一個鐵盤子，鐵盤裡盛著五個小土杯，土杯裡裝著香醇暖和的奶茶。我邊喝著暖到心窩的奶茶，邊享受著這裡的生命，好奇興奮的小孩子們敞開了天真的心靈，伴在我們身旁。我們身旁有位嬌柔美麗的年輕婦人，披著一身紅色的沙麗，辛勤地洗刷那堆得如小山丘

高的空酒瓶，看起來永遠也洗不完酒瓶的她，沒有皺起不耐煩的眉頭，也沒有說出抱怨的言語，看得出她沒曾煩惱過「洗不完」或「什麼時候洗完」這些問題，只是安靜地在黃昏裡不停地洗、仔細地洗。但是她並不只是沒有想法地在洗，因為她炯炯有神的眼光中泛著慧黠的光芒。夕陽的餘暉將她那一身的紅，灑到巷子裡的每個角落，讓整條巷子溢滿了傍晚的驚艷和溫馨，讓我醉心，真希望時間就停在這一剎那，再也不走！

克里希納帶我們來到他的朋友家裡，我一進屋子就捨不得眨眼。回教的禱文掛滿了小小的石屋，一家老小都在乾淨的黃土地上專心地做著藤具，他們大大小小，一雙雙厚實又靈巧的手像是在變魔術，粗粗的藤條在他們的手中美妙地彎來彎去，變成了有自我生命的椅子和桌子。和平與安祥的空氣在石屋裡流動，並隨著呼吸滲入我的心底。

我們一群人又回到巷子的藤椅凳上。高瘦的兄弟在手中熟練地揉搓著菸草，揉了許久才好像終於提煉成金一般，他將菸草小心翼翼地放入手中的土煙筒裡，握著煙筒向真神濕婆做了誠敬的禱告後，便劃一道火柴，將它點燃，再將它放入口中，猛然地一吸，頓時煙霧向四方散起。他再將煙筒遞給克里希納，克里希納也誠心地唸了一段禱詞，再吸上一大口的煙，然後將煙筒傳給彼得，彼得說了一聲「菠擂！」（偉大的真神！）便也跟著大吸一口，然後將煙筒交給了我。此時我若說「不！」不但有失大體，而且不合情理。於是在他們三個大男人和一群精靈般的孩子們興致勃勃的注視下，我在心中默默祈禱，便依樣地對著煙筒大吸了一口。濃煙直衝上了我的鼻頭，再入了腦門，頓時腦冒金星，差一點沒把我嗆暈，但是，我還是撐了過去。小孩子們卻衝著我直笑，男人們也給了我讚許，看來這煙筒讓我意外地加入了這群男人的陣營。

我們一群人就這麼一邊喝茶，一邊唱禱文，一邊抽著煙筒地在小巷裡渡過這個溫暖的黃昏。直到天色暗下來，我們兩個才帶著不捨，和小巷裡的友人們道別。小精靈們跳著笑著，一直送我們到三輪車上，然後在飛揚的塵土中對我們不斷地揮手，我也不停地向這群小精靈揮手，一直到車子轉入另一個巷子裡。我望著這許多半廢的樓房，心中的感動如海浪般起伏。現在我才知道，那頹廢的建築物裡藏著一顆顆晶瑩剔透的心。在這裡，一群知足、誠摯的人們和純潔天真的孩子們揭開了我原本無知的心，我闔上雙眼，心中默默地祈禱：無所不

在的神明啊！請您千萬要保佑這些忠於您的子民！

回到我們的印度石宮，天色早已暗了下來，我們向門房要了一壺奶茶，雖然味道不如小巷裡的濃香，卻也夠讓我們兩個淺酌。隨遇而安的我們每到一個喜愛的地方，就會把那裡當做家。雖然對這城市有太多的眷戀，身為遊子的我們心底知道，時候到了，我們不得不決定下一個目的地！於是我們在大木床上打開了印度的地圖，邊喝茶邊選擇我們的下一個目的地。討論了許久之後，我們終於在加爾各答南方的「布巴尼斯瓦」(Bhubaneswar)做上記號。再過幾天，我們即將離開這個心愛的家，坐火車向南方奔去！

加爾各答的聖誕節

在加爾各答過聖誕節對我們兩個來說算是一件新鮮事。大街上聖誕節的歌曲四處揚起，雜貨店裡掛滿了花花綠綠的玩具，印度式的聖誕老公公四處搖著鈴，熱鬧非凡，這景象硬是令我感覺到我真是在印度過聖誕節。

平安夜的晚上，卻只剩下幾家茶店開著，三、兩個瘦弱潦倒的西方流浪漢，披著袍子在昏暗的小巷裡，蹲在矮長的木板凳上，守著細小的蠟燭，讓冷颼颼的風陣陣地吹著，一副很淒涼的樣子。這樣的情景令我們覺得很冷清，決定還是回到我們溫暖的小窩。我們將帶來的免稅酒和一包瑞士巧克力糖打開，一人斟上一杯酒，便分享著平安夜。

忽然，一串輕快的鐘聲叮叮噹噹地從屋外傳來。鐘聲愈敲愈響亮，敲醒了原本昏昏欲睡的我，我的心也跟著那鐘聲猛然地跳了起來。感覺上有許久沒有聽到這麼強而有力的聲音了，週遭的一切因為這力量變得又有了活力起來。

「啊！是後街大教堂的鐘聲，我們去看看！」我與高采烈地拉著彼得往門外跑，順著鐘聲，我們跑出了大門，過了大街，穿過了幽暗的巷子，來到了教堂。明亮的大教堂裡是安靜的，幾個望彌撒的人沈默地跪在地上禱告，整個氣氛顯得很莊嚴。喘息中，充滿了興奮之情的我們很怕會打擾到他們的沈思，進而毀壞這安寧的圖畫。於是不是基督徒的我們向上蒼做了祈禱，希望世上的每

個人都能在這個夜晚得到平安。然後試著大氣不出地離去。

我們站在教堂前等著過馬路，路中間一群青年人在來來往往的車陣中胡鬧著，其中的一個帶上了黑猩猩的面具，正胡亂地指揮著交通。原來他們是如此熱鬧地慶祝著平安夜啊！我心裡想。

「李查！李查！」彼得突然指著其中的一個人大聲嚷著。

於是我們就在上天的安排下，在混亂的車陣中，和在飛機上認識的李查再度相遇。能在有上百萬人口的加爾各答再與李查相遇對我們兩個來說是件驚喜的事，當然，這也得感謝教堂的鐘聲！李查臉上依然帶著老成的微笑。原來他的叔叔家就住在教堂對面的二樓，他們這些堂兄堂弟就在這裡如此地大鬧平安夜。

跟著他，我們爬上了二樓，來到他叔叔家，一個印度基督教家庭。我們一群青年人圍在一起喝著土產的威士忌，自大開朗地東南西北地聊著、笑著。叔叔和叔母顯然很歡迎我們這群青年人，他們兩個不時遞送上叔母做的油炸點心，歡笑此時充滿了整個屋子。

聊到了很晚，李查才陪我們一起走回我們的印度宮，臨走時他突然像是想起什麼似的問我們「明天晚上有一個聖誕舞會，你們要不要和我們一起去？」

我和彼得想都沒想便同時向他點頭。

「要穿正式一點。」然後他好像知道我們包袱裡有什麼衣服似地說，「彼得，我幫你借一套西裝和領帶。」

我和彼得認識這三年來，只看過他打過一次領帶，如今能在印度看到他打領帶是我從未幻想過的。我表面上憋著不動聲色，暗地裡卻偷偷地竊笑，為了看他打領帶，我迫不及待聖誕舞會的來臨。

在加爾各答的聖誕日，最不應該做的事就是去火車站，可惜的是，這是我們在事後才了解的。早上十點多一點，我們走路，坐公車，又走路，問路，好不容易才爬到了火車站二樓的辦公室。這裡是特別賣火車票給外國人的地方，小小的房間裡擠滿了坐立不安的外國人。

牆上的鐘指著十一點，還沒有人來上班，不曉得是不是跟聖誕節有關係。一個只負責守電話的印度老頭，戴著古板的深度眼鏡，讓人說破了嘴也不肯管別

的事。只是一直說「他等一下就來了，你等等。」到後來他乾脆走了，留下了我們這群摸不著頭緒的洋鬼子乾等。等急了，抱怨聲也就越來越響了。

一個上了年紀的英國佬開始破口大罵，「這些印度人！典型的印度人，懶惰，沒有組織，問題一大堆。我最了解他們了，我在印度住了十幾年了，我寫了一大堆文章批評這個社會制度。來，我找給你們看。」說完他就好像找到知音似地立刻打開他的公事包「來！你們看。」

一篇洋洋灑灑的文章在我們的面前展開。他一副很得意的樣子繼續的說「我寫的，還有很多。」

彼得終於忍不住地問他，「那請問你在印度做甚麼？」

這位正邁入老年的英國佬不知怎麼地，變得吃驚又不安，他口吃地回答「做……生意呀……」

我們不知道做生意有甚麼好緊張的，他的文章也沒有挑起我們這些遊子的一點興趣，自討沒趣的他便只好躲到牆角涼快去了。

又過了好久，終於一個看起來正經八百，戴著黑色方鏡框的印度女人，拖著笨重的沙麗，穿著圓頭的高跟鞋，一步一步又重又慢地踏上樓來了。看到我們這些半帶乞求半帶埋怨的眼神，「明智」的她就乾脆來個假裝沒看見。我們大夥都憋著心裡的氣，等她慢慢吞吞地東摸西摸了半天，眼見她屁股在木椅上一坐穩，就全部一擁而上。她卻老神在在似地發出一聲雷霆，「我這裡只管北部幹線！」

我們大夥又如同膽小的學生似地乖乖回到原座，原來大家都要去南部。我們都不敢說什麼，因為大家都明白，如果想要離開這個擁有成千上萬人口的城市，最愚蠢的事就是惹毛手中有票的人。

別無選擇的我們只能耐著心，繼續等著。過了許久，一個年輕的日本男孩終於沉不住氣了，他上前用帶著極重日本腔的英文囁嚅地問「可是，我要去南部要找誰？」

印度女人一副愛理不理的樣子說「管南部的還沒來！」

日本男孩這下著急地說「我已經訂好了票，可不可以先拿票？」他的意思也

就是說他跟我們並不是一夥的。

那女人好像快被他煩死了似地說「不知道！你去樓下十一號窗口看看！」

日本男孩下了樓，半個小時後又爬了上來，手裡還是沒有票，但不敢再開口了。

就在大夥都等得快發病時，我們的救星終於來了！管南部幹線的胖女人看到了我的綠皮護照，驚訝不已，直說這是她生平第一次看到這種護照，這也是我一生中第一次（也許是唯一的一次）因為這本護照而受到寵愛。在她心情興奮的狀態下，我們幸運地將火車票拿到手。明天晚上七點鐘，南下布巴尼斯瓦的火車將帶著我們離去。

回到我們的印度石屋時已經過了中午，我們跟街口的老爹叫了一壺奶茶，便愉快地邊喝邊談著南下的旅行計劃，想到明天就要離去，我對這個住了五天的家還真有點難捨呢！

不一會兒，李查就來了，他帶來了一套乳白色的西裝和一條白領帶，還有十七歲的東尼。他們兩個加入了我們的下午茶，這兩個英俊的亞美尼亞男孩，在國家不幸滅亡了之後，跟許多人一樣，跑到印度，在印度的社會中打滾；李查像個堅毅的小哥哥，帶著年輕機靈的東尼和一群青年人在加爾各答打天下。個頭雖小但健壯的東尼還在唸高中，平時住校，滿眼精明的他，跟我們在一起像個小大人似的，頗知分寸，他讓我相信了「苦難能讓人成長」這句話。

到了晚上，彼得穿起西裝，打上領帶看起來帥極了，這令我很不習慣，平常的他穿的是一身洗了又洗的舊衣裳，肩上掛一個舊布包，腳上一雙白布鞋，一副平民樣。平常和他一樣穿著平民化的我也穿起了僅有的一套美麗衣裳，我們就如仙履奇緣中的王子與公主般走出大門。彼得說要去找土產威士忌，準備晚上帶去舞會，於是我們兩個在街上走著，希望能碰到什麼好心人士給我們指點一下，結果又碰到正在閒逛的李查。

彼得告訴李查我們要找的東西，他一聽就一口包辦，叫我們跟他走。於是我們跟著他繞過了大街小巷，最後走進一個黑巷子，來到了一個老舊的小木門前。李查敲了半天，終於敲開了黑漆漆的門縫，感覺上門裡的人不會將門開得

更大了，李查一句也不多說，拿著我們買威士忌的錢便側著身從門縫擠進去，這時我才明白原來這裡是地下酒廠。我和彼得站在漆黑的巷口，大眼瞪小眼地乾等著。頓時，我莫名其妙地緊張起來，心想，李查要是沒出來那我們應該怎麼辦？要是彼得也要進去，我一個人怎麼辦？我可不要一個人站在黑漆漆的巷子裡！我也不要進去……。要怎麼辦呢？此時，時間一分一秒地過得好慢。

謝天謝地！五分鐘後李查沒事地又從門縫裡走出來了，手裡抱著兩瓶舊報紙包著的酒，一個大瓶，一個小瓶。

我們一行三人很滿足地走到了他叔叔家，一進門，他叔叔就大吼大叫起來「你們到底跑到哪裡去了？讓人急死了！他們又要跑去找你們！」

原來李查的堂兄們本來打算和我們一起去，到處找我們。「快！他們早就走了，我叫他們先去，在那裡等你們。」他好像我們大夥的叔叔似的趕著我們，這時叔母把入場票遞給李查，溫柔地說「拿好，不要搞掉了，要不要先吃一點東西再去？」很想逃離叔叔吼叫的李查脫口便說「不用了！」，叔母一邊整理著李查的衣服，一邊說「把酒藏好！」。這下真相大白！原來我們是要偷偷地將這兩瓶酒帶進會場，我問彼得為什麼，他說原因很簡單，會場的酒太貴了。李查把大瓶的酒藏在胸前西裝裡，彼得把小瓶的酒放在西裝口袋裡，我私下暗暗地慶幸沒有第三瓶酒，不然他們不知道會叫我藏在那裡。終於道別了李查性急的叔叔和多情的叔母，我們跑下了樓。安閒的古街道讓我們再次將腳步放慢下來，心情也放鬆了少許。

舞會場地在一棟活動中心的二樓，陣容的浩大，是我們從沒想像過的，屈指算算，來了差不多三百多人。一群印度樂團，主唱的歌手身上穿著和克里希納一樣的紅色夾克，刻意地模仿著麥可傑克遜，他帶著滿臉黑黑的大鬍子，賣力唱著麥可傑克遜的歌，我和彼得都覺得他唱得比麥可傑克遜本人唱得還好聽。

我們在人海中找到了李查的堂兄堂弟和他們的一大夥朋友，當然東尼也在，他們正圍著一個大圓桌坐著，桌子底下已經塞滿了空啤酒瓶，讓我不解的是，他們並沒有比我們來得早多少。待我坐定下來，放眼望去，會場裡擠滿了中國人、西藏人、亞美尼亞人、安歌印第安人、尼泊爾人……等等。整個會場除了樂團之外，沒有一個印度人。這一群來自不同地域的亞洲人，聚在一起狂舞著

麥可傑克遜的歌，看起來像一幅奇景。我們兩個和他們一起又喝又跳、又笑又鬧地狂歡著，心裡高興的是我們都來自異鄉。這個聖誕節因為我們有緣能在這裡一起過而變得特別有意義！

我和彼得肚子餓了，彼得就自願跑去跟擺攤位的中國老板買炸春捲。他回來的時候，大為佩服地說「只有中國人最厲害！那個中國老板，聽到我講國語，面都不改色。」彼得老毛病又犯了，搗蛋的他總是喜歡用他流利的國語驚嚇我海外的同胞們，好幾次把人家嚇得魂不附體，後來，我過意不去，總是得跑過去跟我的同胞們解釋一番，確定沒有人昏倒才放心。

吃飽了，舞會也結束了，大廳裡的人們漸漸離去，因而開始顯得空蕩起來，大街上清晨的涼風陣陣吹來，把我們的原本昏沉的腦袋也吹醒了不少。晨霧讓這個城市在此時顯得格外寧靜，黃包車夫，打著光腳，拉著坐在大輪上的我們，踏過了古老的的石砌道。住在救世軍前的許多家庭，早已在這天露白肚時，拉開了裹身的薄睡布，四處覓尋著工廠扔出來的尼龍布條，或是任何可以燒的東西，放進三個石頭堆成的克難火爐裡當柴燒。石堆上一個凹凹凸凸的小黃鐵鍋裡煮著一堆洋芋，如此就成了一家十口的早飯。縱然生活如此，濃濃的煙霧還是遮不住他們眼中所閃爍的光明。

我再看著車夫，心疼地想，不知到他家裡又有幾口人要餵養呢？在《喜悅之城》(City of Joy)這本書裡深刻地描寫了加爾各答拉車夫們讓人鼻酸的故事。他們拉著重重的木輪在車陣的隙縫中討生活，沒有營養，沒有精力，沒有錢，累了只好吃檳榔來打精神，到最後吐出來得不知道是血還是檳榔汁，很慘的生活。讀了這本書之後，每次得坐黃包車的時候，我心裡都很不忍。但是不知道天南地北的我們，只能靠他們送我們一程，我心裡對他們的感激是無法用少少的車費來比擬的。常常，我以萬分感謝的眼神看著對方，來表達我滿心的感激，然而很慚愧地，我反而從他們的眼神中得到了更多的感謝。

回到我們的印度宮，我倒頭就昏睡了一覺，夢中的印度依然還是那麼的虛幻。我感覺到自己的腳好像還沒在這塊土地上踏穩，但是要等到什麼時候呢？少年的我實在沒有太多的耐心。

南下的火車

火車站裡一片混亂，月台上更是亂成一團。一堆一堆的人背著大包小包的行李和包袱在空隙中擠著，賣薄餅和奶茶的小販，夾在其中，大呼小叫的，更是如鑼鼓喧天般的熱鬧。火車進了站，站長的腳還沒在月台上站穩，就已經有一窩蜂的人群圍著他，爭著翻他手裡的名單。我這才明白，原來不但要有票，還得在站長單子上有大名才能有位子坐。彼得在名單上找到了我們的名字，就拉著我擠上車廂，找到位子。二等車廂的位子是木板的，面對面的長凳共有六個位子，到了晚上拉起靠背，變成了上、中、下三鋪。我們這些洋鬼通通被塞在這個車廂裡，加起來也不過十幾個。

「茶，茶，熱茶！」，「咖啡，咖啡，雀巢咖啡！」賣茶的、賣咖啡的、掃地的、賣花的、唱歌賣藝的，都在窄窄的走道上穿梭叫嚷，好像大過年似地。坐在我們對面的美國女人，頂著一頭乾枯蓬亂的短髮，一雙帶著神經質的眼睛好像對於眼前的一切都感到恐懼。她以刺蝟般的眼神仔細地打量我們在座的每一個人的臉，身旁坐著她的印度男友。中年男子穿著西裝背心，高大的身材配著寬厚但無趣的臉，嘴巴卻像雞婆的婦人似地不斷地唸著，「這個要小心……那個要小心……。」直到火車緩緩地開動了，他才不捨地下車。站在車窗外，他還在婆婆媽媽地提醒那早已飽受驚嚇的女人。

坐在我們旁邊的美國男子，穿著褲腳長度到膝蓋的寬短褲，腳上一雙運動鞋，帶著一張無知的臉，不斷地向我們抱怨他是經歷多少波折才得到這個尚未確定的座位，他一肚子的牢騷就像破堤的河流，向我和彼得沖來，也不管我們是不是真的很想聽。然而可憐的他在火車開動沒多久，就被一對印度夫婦請起來讓位，三個人對了將近十分鐘的號碼，一會兒印度文一會兒英文地，怎麼對也對不起來，後來只好去找站長。搞了半天，美國先生花了幾十塊盧比保座。這齣戲演完了，我們也累了。很可惜，美國女人早已爬上了第三層睡鋪，背朝外，直到我們第二天下車之前，都沒有再看到她的臉。因為我很想勸她，將不必要恐懼丟出窗外，如此她的旅途就會多一分暇逸！

第二章

廟宇與靈性

布巴尼斯瓦 (*Bhubaneswar*)

來布巴尼斯瓦，是因為旅遊指南上在該地印了五顆星星，書上介紹這裡是印度教許多有名的大石廟的所在地，我們兩個都不是印度教徒，但是靈性的生命卻是我們追尋的的思想中心。心想有了廟就跑不了和尚，我們應該可以碰到一些可以幫助我們學習靈性道理的人或事。

然而，布巴尼斯瓦出乎意料地在我們的記憶簿裡留下了失望的腳印。一個位於郊區的古石廟，在旅遊指南上印了四顆星星，但是如今早已荒廢，並且無人祭拜，石廟裡又黑又臭的，蝙蝠像是被我們打擾了似地尖叫的吵鬧著。令我不解的是，矮矮的小石門居然還裝上了鐵欄杆，上了鎖，不知道到底是怕誰去打擾誰？

我們走過了幾條大街，來到了另一個荒廢的古廟，十層樓高的大石廟，外圍刻滿了各式各樣的印度神，可惜的是年代老久，又沒有人來朝拜、整理，神像一個個被塵土蓋得灰頭土臉的。大石廟的小石窟裡，黑漆又陰森，一點也沒有吸引力。一個身上裹著橘袍的中年行僧和我們搭訕，他滿臉的大鬍子糾纏著長

長的頭髮，不知道是多久以前洗的，我猜大概是結打不開，他就乾脆把它綁成一個髻。這個廟是他的棲身之處，當他請我們進去他那黑洞裡參觀的時候，我懊惱自己怎麼會那麼沒有勇氣向他說「不！」。洞裡除了每個印度廟都會供的「靈加」和一點鮮花朵之外，就剩下他的一個布包袱（所謂「靈加」就是用木頭或石頭刻成的陽具，有些則是天然形成的）。

我和彼得忍耐了一會兒就趕快感謝了他，轉身就想跑，可是他還緊追不捨地跟在身後，我們回頭才發現他早已伸出了那一雙厚潤污黑的手，當然手心是朝上的。

「先生，請給我一點小錢，讓我照顧這寺廟！」高大的他露出一副很可憐的樣子。「我不要給他一毛錢！」我很生氣的對著彼得說。「啊！不要這樣嘛！」彼得常常這樣，讓我覺得自己很沒有同情心。

好心的彼得先生從褲子口袋裡掏出了兩塊盧比，放在他手裡。

「謝謝你，先生，謝謝！」滿足的他愉快地回到他那漆黑的洞裡，等待下一個笨蛋。

即使情況是如此的荒唐，我們還是不死心，心想既然書上說了這裡有很美很有名的大廟，不可能每一個都讓我們失望吧！很可能是我們沒有好好的找。於是我們這次更是坐了三輪車，來到老遠大河堤外的古城。照書上說，這裡有一個既有名又未廢的大石廟。這回我們可是把希望全押在這上面了。當然，書上沒有告訴我們，不是印度教徒的人不可進入大門，所以，我們兩個在大門外就被一群人給擋了下來。我們為了能夠進去，可以馬上成為印度教徒，只是他們不歡迎，我們也只好作罷。

就在這時候，一個十來歲的小孩和一個看起來心術不正的青年人迎了上來，小男孩轉著一雙靈活的眼睛和滿口流利的英文，提議要帶我們到旁邊的高石臺上去觀望這石廟裡的景象。當然，這回我們還是沒有學會說，「不！」。

我們跟著他們爬上了高石臺，只望見寬大遼闊的石廟內，三三兩兩的印度男女，靜靜地走來走去，這時我只覺得自己很無聊，小男孩的一雙大眼睛黑溜溜的轉來轉去，他動著那輕快的小嘴，流水似講解這個，講解那個的，彼得倒是很專心地聽（不知道他是不是假裝的），我則是心裡半喜半憂，喜的是這小孩很可愛，憂的是怕這種友誼待會可能又得牽扯到金錢交易這部份，如果如此，這

友誼又會被塗上一層灰燼。

果然我的憂慮成了事實，十分鐘後我們下了這暸望台，青年人手中拿了一本嶄新的筆記本讓我們簽名，上面用鉛筆歪歪斜斜地寫好了姓名、日期和多少錢。本子上只有一個觀光客的名字，也是用同樣的鉛筆，同樣的字體寫著約翰，二十盧比！

我和彼得彼此心照不宣地互望，一人拿出了五塊盧比，簽下了我們的名，乖乖地上了這個當。我心裡雖然不情願，但還是希望那小男孩能拿到其中的五塊錢。

這之後我們兩個有一、兩天都感到很沮喪，在客棧附近懶洋洋地閒晃。下一步路到底要怎麼走呢？我們要去哪裡？手中的兩本旅遊指南好像一點也沒用，我們很對它們生氣，很想把它們丟進垃圾桶。經過這一段折騰，我們兩個終於了解我們要到的地方是在旅遊指南上找不到的。

在我們住的小客棧對面的十字路口，有一個不算小的文物館，之所以還沒去，因為往常的經驗讓我們不太相信能在冷冷的館所裡看到什麼有生命的東西，但是這次我們搞錯了。隔天下午，我們在附近散步的時候覺得無聊，就順便進去看看，卻意外地發現了一些南部原住民的照片，照片裡女人們嫵媚動人的容顏露著大大的微笑，顯然沒有受到一點文明的修飾，一雙美得令人驚心的雙眸，扣住了我的心靈深處。

文物館的館長走了進來：「這地方叫做可拉布(Koraput)！」館長大概很少看到外國人對他的文物館有興趣，興奮的他便滔滔不絕地向我們解釋那些奇異美女們的家鄉，那地方的地理，歷史和環境，講到後來乾脆讓我們跟他到後院，我們的眼睛在後院被神奇的美景給點亮了，整個後院放滿了方形和圓形的小土房子！每個房子塗上了各種艷麗的色彩，不同族用不同的式樣和色彩，最後再蓋上草堆當屋頂，文物館的後院就被這些琳瑯滿目的小房子弄得氣韻生動，誰能不為之心動？我和彼得的眼睛裡閃爍出上萬顆晶亮的星星，我的一顆心已在胸膛澎湃不已，它暗暗地高呼著「萬歲！可拉布！我們終於知道真正要去的地方了！」

可拉布這塊土地和這土地上的人們彷彿在上輩子就和我們有約，只是被紅塵

迷惑的我們一時將她遺忘了，其實我的靈魂一直知道偉大的宇宙會指引我們，但沒有耐心的我常常會對它沒有信心。而這次的經驗告訴我，它從沒有離開過我們，只要我們將心靈沉靜之後，就會看到它的指引。我們一回到小客棧後便打開了地圖，在布巴尼斯瓦的南邊找到了可拉布，然後在上面用鉛筆畫上了圈。我們知道的是，要到可拉布得經過許多大城和小鎮。我們不知道的是，沿途這些大城小鎮都將給予我們的生命無限的啓示和力量。

柯那達(*Konarak*)的靈性伙伴們

我們往可拉布的方向搭著繼續往南走，火車像是用盡全副精力地走走停停，先帶著我們來到了古城柯那達。

一千多年前孕育著神祕力量的柯那達，如今還不失他的宏偉和魅力。

它的流傳的故事是這樣的，千年前，印度南部的一個王國的王子，不幸地得了痲瘋病，無藥可治，到了最後他只好向名叫濕婆的真神禱告，真神在他真誠的感動下，顯身指點他到這偏僻荒涼的地方敬拜太陽神，並告訴他將會有奇蹟。王子來到了這地方，每天誠心地拜太陽神，不久，他的痲瘋居然好了。為了感謝太陽神的力量，王子動用了無數的百姓和雕刻師，搬來許多的巨石，建造如山般高聳的大石廟，大石廟下用八匹大石馬拉著。那時的人們為了蓋石廟，就在當地住了下來，廟蓋好了之後，他們又搬離此地。歷經時代的變遷，人們漸漸地把太陽廟給遺忘了，一直到三百多年前回教徒入侵時才又被發現，可惜的是無知的他們將石廟加以破壞，並砍掉了石馬頭。如今的太陽廟只能當做古蹟，成了觀光聖地。

令我不解的是，雖然大石廟成了觀光聖地，但它所在的小鎮卻沒有因為它而受到什麼影響。小小的漁村靠著美麗的安達曼海，寧靜安詳。小鎮上寬寬大大的石路旁開著幾家茶店和雜貨店，店門口幾隻短毛牛閒散地或站、或坐、或走，女人們裹著顏色淡淡的沙麗悠閒地來來去去，男人們穿著灰色的長袍聚在一起談天說地，老爹在土炕上端坐，燒著奶茶，烤著餅。木桌上的銀盤裡放滿了各式各樣的甜點心，旁邊飛舞的黑綠大蒼蠅一點也不被人們放在眼裡。此時此地，我和週邊的人們都好像不在時間的束縛裡，整個村鎮散發著詩歌般恬逸

氣氛。突然我的腦海裡乍現了一道頓悟的閃光，原來此時文明社會中匆忙的狂潮和令人窒息的氣氛再也觸及不到我了，突然間，我感到一種難以形容的的痛快和舒暢。今天，我終於在這塊大地上體驗到了完全放下的豁達！

我們是在太陽高掛頭頂時，全身帶滿塵土到達這裡的。酷熱的大太陽下，觀光客只有寥寥數人，其中兩個日本佬，穿著西裝打著領帶，像機器人似地爬出載他們來的箱型車後便四處拍照。這兩個人和這古老的小鎮格格不入，好似從外太空降下來的怪物。二十分鐘後，他們拍完照片就在爬進箱型車走了，車子所留下的一縷清煙很快地就隨著車子的離去，了無蹤跡。令我感到不可思議的是，小鎮好像包有一層隱形的防水衣，一點也沒被任何外來的怪物打擾過的樣子，依然在炎熱中散放著安逸的氣息。

經過鎮上幾個熱心人士的指引，我們在離小鎮不遠的地方找到了落腳處。那是一個如三合院般的平房，大大的前院裡種滿了花和樹，右邊角落有一個壓水機，左邊角落有最簡單的廁所，半個人高的土牆後面一個蹲式的馬桶和一桶清洗用的水就是了。長長的平房有四個房間，中間住著屋主一家五口，右邊的一間房間空著，可以讓我們暫住。房間裡黑亮亮的水泥地上除了放著一張寬大的木板床外，居然還有一個木桌和一個木凳，一天付二十盧比，我們很滿意地住了下來。

第二天早晨，我迫不及待地去壓院子裡的壓水機，心中溢著說不出的滿足，大門外寬敞的馬路上，來去的僅是安靜的腳踏車和清閒的大牛車，我愛上這裡的寧靜。

印度話，卻像是英文，這一聽之下我的心開始興奮地跳起，因為除了彼得之外，我已經有好久好久沒有和別人聊天了。雖然當下衝動地想要闖進去，卻還是被一點羞澀給拉了下來，這時只好去找我的救兵彼得先生，他一聽完我的述說，想也不想就爬起身，走到隔壁門口，敲起門來。

「哈囉。」屋內傳來了男人低沉的聲音。

「哈囉，我們是昨天才到的房客。」彼得高興地說。

「請進。」男人邊打開木門邊說。

整個屋裡瀰漫著甜甜的香料味，高大瘦長的男子伸出了修長的手。

「這是我的太太，蘇，我叫保羅。」他的聲音裡帶著文雅的口音。

「你們要不要喝奶茶？」蘇在木床上開著小火爐，煮著特別的香奶茶，她向我細述她的茶特別香是因為裡面放著她自調的香料——丁香、肉桂和小豆蔻。鍋裡的蒸汽帶著茶香，散漫著整個房間。保羅是瑞士人，蘇是澳洲人，結了婚後他們就來印度渡蜜月，他們已經在柯那達住了一個多月了，不知道他們的蜜月是多久呢！這裡的古老、神祕和平靜，大概給他們倆個帶來了安寧。將長髮挽成了一個髻的蘇，平日喜歡練習瑜珈，她閃著明亮清純的大眼睛說「柯那達的人非常純樸，一點生意人的味道也沒有，就是因為這樣我們才喜歡這裡的。」

「我們也有同樣的感覺。」我說。

「你們怎麼會跑到這兒來？」保羅一副很納悶的表情。

於是我們就把要去可拉布的計劃告訴了他們。

「可拉布，可拉布，這地方好像今天早上才在報紙上看過。」保羅翻著不知他從那裡找到的印度英文報紙。「啊！在這裡，找到了！」

彼得將報紙拿過來唸了起來，「可拉布地區現在有居民得到瘧疾，如今此地已經劃為瘧疾區……」可拉布！就是我們要去的可拉布！頓時我愣得無法思索，只能望著彼得。小時候住在新幾內亞的他得過六次瘧疾，最近的一次復發是在我認識他沒多久後，在台北廈門街的家裡，他那時滿臉慘白，全身發抖，額頭燙得燒手，我被他嚇得全身發軟。事過境遷之後他老兄現在卻一副一點也不在乎的樣子，瀟灑地和保羅大談他的瘧疾經。

「聽說現在瘧疾可以吃藥預防了。」保羅說。

「那個藥我吃過，一點效也沒有，我一邊吃一邊得，還不如不吃的好。」彼得一副很有經驗的樣子。

「那，我們還是要去那裡？」我終於逮到開口的機會了

「沒有問題的。」彼得用無憂的眼神望著我，沒有經驗的我，原本存有的一點憂慮被他這說辭一掃而光。然而許久以後我才了解其實不是當地沒有瘧疾的危險，而是這個愛冒險的人，從不把危險當回事。後來我常常想，和這種人一起旅行，到底是不是智慧的選擇，卻從來也沒有想出個所以然來。

我們四個人聊到了天黑，肚子愈談愈餓了。穿上了拖鞋，我們排成了一排，浩浩蕩蕩地走過了黑漆漆的大街，來到小鎮上老爹們的小茶店，那土泥巴做的房子裡一塵也不染，幾張大大的木桌和長板凳整齊地擺著。三個老爹，都是婆

羅門（在印度精神階級裡，婆羅門是最高位的，算是有知識的一層），各有各的工作。負責燒菜的老爹，蹲在炕上，快樂地切菜、炒菜、烤餅、算錢，所有的動作都熟練有序。他張著微笑的眼，看著我們進來，不知做了多少年的他，一點厭倦的意味也沒有。第二個老爹負責擦桌子、掃地、燒火、送菜，第三個負責做軟餅、洗菜、洗杯盤。三個人很有默契地做著，從來沒有搞混過。我們知道在這兒可以很安心又安靜地享用新鮮美味的菜飯，更不必擔心吃了什麼會拉肚子的問題。

我們四個人在茶足飯飽之後，感謝了老爹們，頂著滿足的大肚子，跟著滿天的星星，回到了我們的三合院。這時的夜帶著清香，像母親一般柔婉地向我們輕語，告訴我們是該睡的時刻了。

傍晚的柯那達，總是散發著一種古樸、暇逸的氣息。白天，成千上萬到太陽廟的遊客，早已在黃昏之前離去，不知道為什麼他們除了太陽廟，對當地其它的東西都不感興趣。或許是因為鎮上的人們對觀光客的荷包沒什麼興趣。於是在黃昏的時候，柯那達的人們又回到了鎮上，三三、兩兩地聚在一起，享受他們的安逸，他們喝茶、聊天，一直到月亮昇上來。

彼得和我也很喜歡參加這樣的聚會。這晚，茶店的老爹們照樣做出了好吃的烤軟餅和什錦炒菜，吃得我和彼得全身舒服極了。付了飯錢，出了茶店，我們倆慵懶地散著步，走到大馬路旁的一個小茅屋前，好奇的我跟著彼得透過窗上一條條的木欄縫，往茅屋裡頭看了半天，只見一支小小的蠟燭，微弱的燭光照射著一張青年人黝黑的臉。

「這裡是政府設的大麻店。」彼得小聲地告訴我。

「真的？」我的眼睛瞪得更大了。

一個老頭從黑夜中來到小屋前，他伸出手往窗口裡塞進幾個銀亮亮的披索，青年人將切好了的大麻用紙包好，從窗口遞了出來，老頭拿著紙包，又回到了黑夜中。我們正在考慮要不要順便買一點的時候，身後出奇不意地傳來一個清晰又深沈的聲音。

「你們要不要來我們的修道中心？」

我們像是被針扎了一下，立刻轉回頭看，原來一個高瘦修長的身影站在我們身後。好半天我和彼得都說不出話來，大麻和修道中心實在很難一下子連在一

起。

過了一會兒，我們兩個終於回過神來，才在黑暗中互相詢問地望著。我已經聽過彼得講過好多次在印度修道中心的故事，但這可是我第一次被邀請。

「好！」我們兩個同時道。「你們的中心在哪裡？」

「很好，謝謝你們，小中心離這裡不遠，請跟我來！」於是在快近滿月的天空下，我們跟著不認識的男人和他的一個矮個兒兄弟，走過宏偉的太陽石廟。我不知道彼得的心裡是怎麼想的，但是在我的心裡信任感和不安的感覺彼此交戰著。感覺上他們是可以信賴的人，但是他們是誰？我們要去什麼地方？我們一點也沒有頭緒。

在太陽廟前的石牆上，我們坐了下來，高瘦男子的拿出了土煙筒，彼得就拿出了我們剛買的大麻，四人在皎潔的月光下，敬拜著真神，然後邊抽著土煙筒邊聊著。

「我的名字叫維克郎，請問先生您貴姓？」高瘦的他文雅地問。

「彼得。」

「喔！謝謝你！」他慢慢地道，「請問您從事什麼工作呢？」

「老師。」彼得說。我心裡想，還好我們兩個沒有從事什麼不正當的行業，不然，在這個三步五步就有人問這個問題的國度裡可不知要怎麼辦才好。

「啊！我也是老師，我是這裡的小學老師。」他的眼睛裡反射著月光，頓時我們之間有了一種微妙的認同感，我的多慮也如雲煙似地消散了。

「我的父親是小學校長，他寫了兩本有關印度教的英文書。」他接著說。

「喔！真的啊？！」我和彼得都很訝異地同時說。

「是的！是的！歡迎你們來我們的修道館，不是很多人知道我們這地方，看來是我們的師父指引你們來的。請問你們是從哪個國家來的？」

「加拿大。」彼得說。

「喔！加拿大！很好，謝謝你。你呢？女士？」維克郎問。

「台灣。」我說。現在我對這一套印度的對話公式練得很有耐心。

「喔！台灣，很好，謝謝妳。」他說。

我們兩個跟著維克郎和他的朋友苟皮經過了大石廟後方的小樹林，踏過了鐵絲網，又爬過了土山丘，來到了竹子搭成的小屋。屋裡傳出了美妙的歌聲，我們拉開花布做成的門簾，裡面坐著七、八個男人，男人們裹著舊舊的長袍，從頭包到腳，一個年紀較輕的男子，全身裹著鮮紅色的袍子，頭上盤著一圈又一圈的紅布條，他張著圓圓鼓鼓的大眼睛，一邊打著小鼓，一邊帶著大夥高聲唱著輕快的歌曲，歌詞裡都是神的名字。

我和彼得不一會兒就融入了這氣氛裡，我們跟著紅衣使者唱著濕婆、拉摩、克里希納這些大神們的名號，整個屋裡洋溢著安詳和喜悅。這時，文明世界的恐懼早已被丟到門外。唱累了，我們就休息一下，喝一點奶茶，抽一筒煙，維克郎向大家介紹了我們，大夥兒都遞給我們溫馨的眼神，然後我們又繼續打鼓唱歌，歡頌著神所有的偉大力量和智慧。不知道是不是因為我們是外國人，紅衣師兄帶我們唱了一首雖然文法不標準但卻押韻的英文歌，歌詞是這樣的「許多許多的花朵，每個花朵都不一樣，成千成千的人們，每個人都不一樣。」(Thousands, thousands flowers, every flower's no same. Thousands, thousands people, every people's no same.)。我們這樣地唱了不知道多久，卻一點也不覺得累。這時，靈性的純淨和智慧如清流一般地在我們的心中交流。頓時我驚然悟到，原來靈性的世界是不需要討論和研究的，須要的只是坦然的給予和接受。

我和彼得彼此傳遞著心安的眼神，這時坐在我身後的男人，笑咧了兩片厚大的唇，露出了大顆的牙齒，灰布從腳踝裹到頭的他說，「啊！我們就是力量啊！偉大的力量啊！沒有很多人知道的，你們是我們老師請來的，因為你們可以感覺到，哈哈哈……。」我被他這突如其來的開懷，和坦然的話語搞得有點不好意思，但心裡卻覺得這個人很有意思，後來我們才知道他的名字叫做獅子王。

竹屋裡的人們都認為我們是他們的師父指引來的，師父現在人在加爾各答授課。在他們一雙雙看著我們的眼神中，純淨無邪、剔透晶瑩，沒有一點雜念，

只有宇宙給予他們的喜悅和責任，這樣的性靈是我此生首次感受到的。這裡的純潔和坦然讓從小在都市裡生存，碰觸過許多污濁心靈的我震撼無比。我們唱累的時候，維克郎就和我們解釋印度教的教義，什麼神是什麼神，不厭其煩地一遍又一遍地解釋著。他那誠摯的心和發亮的眼睛讓我早已忘記了自己是個外族女人，我對他們來說純粹的是一個靈。

往後的日子裡，每當下午的太陽將天空繪成橘紅色的時候，我和彼得就會穿過太陽廟後的榕樹林，跳過鐵絲網，爬過小山丘，來到小竹屋。竹屋前有一個很深的大土洞，土洞裡有一個紅色的大土廟，廟有一個人高，廟裡的佛桌上供奉著鮮花和印度香，廟牆上刻著精巧的神像，每天，當太陽要下山的時後，穿紅衣的大徒弟克里希納便一手搖著鈴一手拿著香，獅子王張著深亮清澈的大眼睛敲著鑼，兩個人你跟著我，我跟著你，專心地拜遍了小竹屋的每一寸土地。

有一天他們請我和彼得吃晚飯，我們在太陽下山之前就到了，和往常一樣，我們坐在土地上唱著輕快的聖歌，等待著晚飯。負責做飯的老爸爸們在廚房裡弄了很久，我們也唱了很久，飯菜的香味愈來愈撲鼻，我的肚子也開始愈來愈空洞，最後它終於忍不住，開始咕嚕咕嚕地叫起來了，雖然我還是很專心地跟著唱，但還是不免常常想起什麼時候可以吃飯這個問題。又唱了許久，獅子王終於有了動靜，他換下了長袍，穿上了一套不知從哪裡弄來如美軍穿的綠色大夾克、大皮靴、大兵褲、手套並且配上了一副太陽眼鏡，說是準備去鎮上買樹葉回來當盤子。大夥兒都覺得獅子王這一身綠色的外出裝古怪又好笑，都忍不住偷笑。

後來一個小弟告訴我們獅子王這一身家當的由來。原來一個法國人在此得了精神病，受了小中心的照顧，兩個月後將他送回法國，他走時，便留下了這套衣服給獅子王。

獅子王將樹葉買了回來，老爸爸們的飯也終於煮好了，我們每個人的前面的地上鋪著一張翠綠的葉子，那泥土地上綠葉裡鋪放著的白飯、洋芋咖哩和青菜，形成了令人垂涎的顏色，讓我吃得滿懷的溫馨。

「請多吃一些吧！師父請你們來和我們一起吃的，請多吃一些！」他們說

著，吃著。其實他們不知道的是，在這兒，我的心靈已經吃了飽飽的友情。

柯那達的美和靜，猶如沙漠中瑩碧的湖水，讓我們的心靈在其中洗滌澄淨。在這裡的靈性夥伴們也遵守了我們上輩子的約定，在這裡和我們相聚，這裡的感情讓我和彼得很難面對別離的來臨。但是在我們意識的深淵裡很明白，身為遊子的我們還有許多上輩子的約定要履行，在這塊大地上還有許多人們在他們生命的旅程中等著與我們相聚。我們不得不懷著滿心的感激和依戀，繼續我們的旅程。

我們豁達大度的鄰居蘇和保羅建議在我們走的前夜，在滿月下的太陽廟前吃烤魚，算是幫我們送行。於是我在鎮上買到了能買到的蔬菜，在大木床上用彼得的小瑞士刀，慢慢地將蔬菜切成丁，再把彼得萬用小鐵鍋裡的藥倒在大床上，鐵鍋就成了煮湯鍋了。蘇的小鐵鍋裡則裝著她做好了的瑞士沙拉。彼得和保羅兩個露出對自己很滿意的微笑，因為他們從漁村裡扛回來了一條三公斤重的大魚！

我們一行四人，帶著大鍋小鍋和大魚，浩浩蕩蕩地來到太陽廟旁的小樹林，樹林裡的小樹不少，但我們現在才發現可以燒的柴火卻寥寥無幾，我們四個人努力地尋覓找了半天，找來的只是少許青綠的細枝，這些細枝都沒有風乾，所以都還不能當柴燒。和著樹葉和細枝我們四個人使勁地從四面八方搧風，拼了命也只勉強地搧出了濃煙。我們就這樣慌忙地到處亂揀綠樹枝，折樹枝，再來回拼命地搧火苗。看著濃煙裡的火起起息息地薰乾溼綠的樹枝，順便薰著我們的魚，等魚薰熟了，我們四個人卻已經是筋疲力竭，餓得說不出話來。

這時我們才坐下來，試著一邊狼吞虎嚥地吃那條有很多細刺的魚和沙拉，一邊用餘溫煮著蔬菜湯。四個人迷糊地吃著聊著，直到月亮昇上夜空當中，才驚覺到深夜的寂靜。

離別將帶來下次的相聚

一大早，我們兩個收拾好了簡單的行囊，便叫醒了蘇和保羅，好向他們道別。沒一會兒，高大的獅子王穿著大兵服，手裡提著一個小竹籃跨進了我們房間的門檻，竹籃裡裝著五顏六色的鮮花，「拜拜用的！」他裂開大嘴笑著。放下竹籃，他用又大又厚的一雙手掌捧著兩朵小紫花給我和彼得並說：「克里希納神會保佑你們一路平安。」他的眉心綻放著如鮮花一樣的純摯和清醇。我很想給他一個什麼東西，紀念我們之間靈性的友誼，卻發現我們好像沒有東西能夠給予。我努力地想了好久，終於想起了小鐵盒裡還保存著的紫貝殼，那貝殼是在泰國海灘上撿的。我打開小鐵盒將紫貝殼小心翼翼地拿出來放在他的掌心裡，他看了看，便略有所悟地笑著說「啊！你們是在前面的海邊撿的！」

「不是，是在泰國，海的對岸，那裡也有和這裡海邊一樣的杉樹和紫貝殼！」我心情激動地說。

「這裡也有那裡的貝殼啊？！啊！大自然有偉大的力量！每天，成千上萬的人去大石廟看那些沒有靈性的石像，他們卻不知道大自然的偉大。」獅子王用他低沈有力的聲音，慢慢地道出。

清晨的新鮮空氣隨著呼吸滲入了我全身的每個細胞裡，這時，我感謝著上蒼能讓我在人生的道路上跌跌撞撞之後，在飛過、走過、爬過千山萬里後，和這位人生知己在此地相遇，並能一起分享這大自然的奧祕和人生的美麗。

我們五個人慢慢地走到小鎮上，在老爹們的店坐了下來，我喝了兩杯奶茶，卻沒有胃口吃早飯，可能因為前兩天在另一家茶店吃到了什麼不太乾淨的東西，造成拉肚子。

「鴉片對拉肚子很有效！」彼得突然對我說。

「真的？！」我雖然驚訝卻也漸漸的習慣了他這樣語出驚人。

「嗯！」他點一點頭繼續坦然地說「我這裡有一點。」

「你怎麼會有鴉片？！」這回我的眼睛瞪得更大了。鴉片在我的印象裡是很可怕的東西，本來是提都最好不要提的字眼，現在他不但說它有用，而且他還有。

「在突尼西亞的時候，我患了痢疾，當地的草藥醫生開了這鴉片給我，還留下了這一點沒用完，一直保留到了現在。」他說。

「有效嗎？」我用懷疑的眼光看著他。

「蠻有效的啊！」他答。

「不會上癮嗎？」鴉片戰爭時中國人抽鴉片而窮困潦倒的情景在我的腦海裡放映著。

「只有一點，不會的。」他說。

「好，那我試試。」我大膽地說。

彼得在他的小藥罐裡找了一會兒。

「找到了。」小小的銀紙包打開，一塊小拇指尖大的小黑塊靜靜地躺在那裡。很難想像就這東西害慘了成千上萬的人們。

於是鴉片和奶茶就成了我這天的早飯。那之後的我就懷著忐忑不安的心情，等待會有什麼發生，比如說頭暈、幻覺……之類的。結果什麼也沒有發生，而且，我還是照樣的拉肚子。

我們和照顧我們肚子十幾天的老爹們一一地道了別。老爹們慈祥溫柔的大眼睛裡閃爍著微笑。一個老修行人在門口經過，他在我們的額頭上點上了紅點，和我們合掌相拜，給予我們祝福。對於這裡，我是怎麼也不捨得離開的。然而在潛意識裡，我卻了解我的一生是不可能滯戀於此地，我得勇敢地向前行。

公車來了，車上早已坐滿了人，獅子王跟我們兩個上了車，一直送到了鎮外，他才下了車。下車前他厚實的手裡遞著一朵小花給我並說：「我們都是同一個花朵。」他這句話語激盪著我的心靈，我深知這句話將伴隨著我走一輩子。公車到了小鎮外，他露出了滿嘴的大白牙，和滿眼的溫情下了車。我們相互揮著手，望著他的身影，我相信這次的別離將帶來我們下一次的相聚，何日何地，我不知，我知道的是那時我們彼此的情意將會是這次的延續，它將在永恆之中跨越時空和地域。

浦里 (*Puri*)

浦里本來是因為它的大廟而出名的。該廟內所奉的神為佳格納塔(Jagannatha)，抬著祂的車廟有四個相當大的輪子，當每年一次的檀車節來到時，由幾十萬的善男信女將該車廟從廟中拉來出巡。由於那輪子巨大，每次一動便難以在半路停止，這車廟便因此代表著不可抵擋的力量。在印度的傳統習

俗裡，許多癡迷的信徒以為如果死在祂的輪下便可以超生，因此甘願投身死於輪下。然而現在這地方讓我吃驚的不是它享有盛名的大車廟，而是那如山如海的觀光客和數不清的三輪車。我真的搞不懂此時的浦里為什麼會這麼吸引外國人。

它長長的沙灘上排滿了糞便，窄窄的街道裡讓三輪車擠得令人無法好好地呼吸。幾家專門賣給外國人吃的飯館裡儘是淡而無味的食物和往來的人群；當然來的大部分是外國人。有名的大車廟沒有出廟巡境，不是印度徒又不能進去，廟外的店和人又只是為了賺觀光客口袋裡的錢。

為了搞清楚這個「這裡為什麼吸引那麼多外國人」的問題，我就開始觀察這裡的異鄉流浪人到底在浦里做什麼。其實也不需要特別的觀察就可以注意到了。在這裡，許多「旅行者」都坐在同樣的幾個淡而無味的飯館，常常，他們的一天就在這幾個飯館裡混過了。他們都是先睡個懶覺，然後到某家飯館吃完早飯，叫一杯最便宜的熱檸檬汁，就坐在那裡發呆上一段時間，抽一根印度煙，等到無聊透頂的時候就再到另一家餐館，叫一杯可口可樂或什麼的，這樣又可以再坐一陣子。幾個蒼白的人，渾身無力地癱在那裡，什麼也不做，什麼也不說，什麼也不想地像是在等待世界末日或是痔瘡的來臨。我實在搞不懂他們來印度是為了什麼。感覺上他們對週遭的環境早已不在意，態度上完全是頹廢消極的。如果說他們放棄了物質的追求，他們好像連帶將靈性的追求也一併放棄了。這一點他們瞞不了我，因為至少柯那達的靈性伙伴們教導過我，我們純淨的心靈世界是永遠活潑積極的。

我們在柯那達的好友蘇的建議下，來到了一個半荒廢的旅店，之所以說它是半荒廢，是因為半數的房子都垮了。我們在這兒租下了一間沒垮又寬敞的石屋，涼快的石屋把外頭的炎熱完全隔離了。房中央放著一個高掛著蚊帳的大木板床，牆壁四周砌著石臺，石臺有窗口的高度，坐在上面可以很舒服地看窗外。每到晚上，總是會有一隻愛唱歌的蜥蜴跑進來與我們作伴，一切均合我意。

我們住進大石屋的第二天清早，蘇便從柯那達到浦里來拿信，順便來看我們，並在同時介紹我們認識了她的好友，我們的鄰居吉美。五十多歲的吉美來自孟加拉，仍有著小巧輕盈的身子。她那油黑的長髮綁成了一條粗粗的麻花辮，靈活的小嘴裡溜出嘰哩呱啦動人悅耳的印度式英文，黑亮的雙眸隨著她滿

臉可愛的表情轉動著。看著她講話就好像在看一齣戲那麼地享受。我打一開始就莫名其妙地被她吸引住了。

吉美在三十八年前，嫁給了家境富裕的德國人菲力浦，如今一貧如洗的菲力浦，拖著高大卻多病的身體。一根接著一根的印度煙，使他不停地咳嗽，方形的厚鏡片蓋不住他那一雙瞇成了縫的眼睛裡所散發出對人厭惡的眼神。大概是因為他在印度住了太久的關係，已經看不出來他是德國人了，他用流利的印度式英文發出了他對印度和吉美的怨恨。

「印度人連狗都不如，我知道他們在想什麼，他們總是在人背後說別人壞話，我聽得懂他們在說什麼，他們真的很壞很壞！」他一連說了這麼多的壞。

「那你為什麼留在印度？」我和彼得不以為然地問他，但還是強忍著沒加上「那麼久」三個字。

「都是因為這個女人，這個巫婆！我們回去過瑞士，她不喜歡，說是那裡太乾淨了，她受不了，巫婆！真是巫婆！」這回他真的發飆了。等他發完了脾氣之後，看也不看我們一眼，就喃喃自語地往廢墟走去。

沒隔幾天後的一個早晨，菲力浦口中的巫婆，吉美，經過了我們的門口，看到了我們便像天使般地開始說起世界的美好，愛的力量之類的話，說著說著就硬拉著我去她家喝咖啡。剛喝了止瀉藥的我不能吃喝東西，並且正準備和彼得去洗衣服。然而，這一切對吉美來說似乎都不重要，現在只有神最重要。

我丟下了髒衣服給無辜的彼得後，便像吃了迷藥似地跟著吉美來到了她那花布簾後的廚房。吉美從房裡搬出了兩張藤椅子，便開始煮起熱水，一邊煮一邊直視著我說，「我親愛的小女孩呀！妳這樣四處奔走地尋找愛。」

聽到她用恬美的聲音描寫著我的心境，頓時，好似內心深處的一根絃被她給撥動了一樣，然而她接下來的話卻給了我一個很大的震驚。

「但是，我告訴妳，這世界上沒有愛！」她很肯定地告訴我。

我一聽完她這句話，眼淚就不由自主地大粒大粒地從眼眶滾出來。我心裡想，是的，她說得沒錯，我的一生真的是四處奔波，但是這個世界上真如她那黃鶯般的聲音所說的沒有愛嗎？剎那間，我變得迷惘不已，無助感穿過了我的每一個細胞，讓我整個人癱在椅子上，無法動彈，只能拿下眼鏡，拿著吉美遞過來的衛生紙，不停地擦淚。吉美看我哭成這個樣子，就用她纖細的小手握住

我的說「妳為什麼哭？小女孩，來！坐下來，讓我講給妳聽！」

於是我整個人就軟綿綿地坐在高高的藤椅裡聽她開始講。

「這世界上有三個人類發明的魔王，妳猜是什麼？」她閃著伶俐的大眼睛問我。

腦子早已成了漿糊的我那還能猜什麼，我只能癡呆地望著她。

「錢，槍炮和邊界。」她輾釘斷鐵地說。

是了。我仍像呆子似地聽著。

「人類為了錢而變得自私，因為槍炮而變得殘忍，因為邊界而追求權利。聰明卻無知的人類總是無法拋開這些慾望的吸引力，無法停止追求，如此就造成了無邊的困擾和痛苦，更別說博愛和寧靜了，這是卡里時代呀！（毀滅時代的意思）」

她一口氣說了這麼多，我腦子裡原本就糊成一團的漿糊這時更濃稠了。

接下來她開始解釋神的力量，並拿起放在窗台上的蔬菜，如數家珍地一一告訴我，哪一個屬陰性，對女人最好、在哪一天應該吃什麼蔬菜。

「把妳的愛給神，不是給男人。」她突然轉移話題說。「外面的那些青年人，都是沒有希望的（她指的是像彼得這些），他們沒有錢，你應該把自己打扮得漂漂亮亮的，然後去找飯店裡那些有錢的大爺！」

這時的我的更迷惑了，面對她那裸裎的話語，我更感到有些錯愕，有些尷尬。

「妳看我，結婚了三十八年，到現在我的男人對我一點也不好，罵我，打我，我們現在好窮！」講到這裡，她的聲音發出了微顫，活像一個孤苦無依的老人。

「以前，我們是富有人家，我先生家在德國是有頭有臉的富商，和我的家庭是世交，在訂婚的那天我母親問菲力浦會不會騎馬，（傳統的印度婚禮上，新郎得坐在馬上不動好幾個小時）菲力浦說他只會騎野馬。當時我是有名的舞者（她邊說邊靈活地伸縮著她的頭），上百的男人愛慕著我，但都一一被我回絕了，我總是說「對不起，這是我的先生，我愛我的先生。」講到這裡，她給了一個嬌滴滴的微笑，作一個蓮花手勢，半蹲一下，瞬息間她又成了一個純淨天

真的小女孩。

「但是十八年前的一天，我的女兒被綁架了！」講到這裡，她那可愛的笑容又突然不見了，換成的是一臉的悲哀，淚水流滿了那些忽然出現的皺紋。

「我愛我那唯一的女兒，那時候我整個人都崩潰了！」現在的她也好不到那裡去。

「對不起，我實在說不下去了！」她繼續說，「這是最令我心痛的一件事，歹徒向我們索取了所有的錢財和珠寶，才還給我們心愛的女兒。從此，我們就一貧如洗。現在我們住在這個半廢的爛房子裡，菲力浦每個月得坐車到加爾各答去領德國寄來的一百塊養老金。他又常常生病，昨天他昏倒在火車站前，嗚……」講到這裡她真的哭得說不下去了。

過了一會兒，擦乾了她的眼淚，她又換了個人似地興奮地對我說「我去拿我女兒的照片給妳看！」

不等我回答，她就跑進房間裡，拿出了她和她女兒的照片，十八歲的她，一頭俏麗的短髮，小巧玲瓏的身段，配上一雙明媚耀人的眼睛，即使是黑白的照片，也不失她的嫵媚和亮麗。而她的女兒，則是滿臉的敦厚、嫻淑的樣子。

「我愛這個女兒，她是我唯一的寶貝，我曾經禱告過真神，只要給我女兒，因為男人都是禍害。」停了一下她又繼續說，「我的姐姐曾經親手殺了三個男孩。」聽到這兒我驚得一身冷汗，但講得激動的她並沒有發覺。

「吉美，我想向妳問一件事情，今天我騎單車出去玩，原本是件很愉快的事，但是在回來的路上，我卻感覺無限的低潮，心情很不好，精神好像都用光了，而和妳在一起，我好像在被充電似的，這到底是怎麼回事？」我糊里糊塗地問她這個問題，也許是想岔開她的話題和掩飾我心中對她的恐懼。

「這很簡單。」她一邊轉著機伶眼睛一邊說著，「人與人之間總是互相給予和吸取精神的，精神低的的自然吸取精神高的，你的精神力量被精神低的人吸走，當然就會覺得低潮。所以人一定要吃精神好的食物。來，今天晚上我煮飯請妳吃，帶你的男朋友一起來，我煮的飯是特別有精神力量的！」

才說彼得彼得就到，花布廉外傳來了彼得的聲音「菀如，不是要去海邊

嗎？」

聽到彼得的聲音後，我才感到自己剛剛好像神遊到了另一個世界。

吉美拉開了門簾，一瞬間，空氣好像凝固了，任她怎麼說，彼得也不願意跨進門檻一步，不知道為什麼一向喜歡和人聊天的他，和吉美之間的氣氛就是不諧和。

鬱鬱不樂的彼得不但已經洗好了他的衣服，還把我的衣服也一起洗了晾起來。我的心裡懷著些許感謝和歉意，和他一起上了租來的單車，便朝著海邊騎去。

一路上，我的心情因為吉美的一堆話變得七上八下，也因此常常忘記了彼得的存在，甚至於我自己的存在。

整個下午，我們坐在糞味奇重的沙灘上，望著無盡的安達曼大海。不知怎麼搞的，我怎麼也擠不出一句話來，腦子裡像是中了蠱似的，全是吉美的話語。吉美的女性光輝強烈地吸引著我，她講的道理有些聽起來滿有哲理的，但是男人真的如她所說得那麼可惡嗎？我怎能像她所說的那樣將自己打扮得漂漂亮亮，然後去找那些有錢的大爺呢？這和我的本性完全背道而馳！而我自己對男人是喜愛多於怨恨的，年長的她這麼說是因為她經歷了一些年少的我還沒有經歷過的嗎？被吉美這麼一攪，我心中原本沉靜的一湖清水，頓時混濁不已。然而，這一切看起來又像是一件我非得學的功課。看來，我不得不把它給想清楚。

身旁的彼得早已察覺到了我的怪異，搞不懂我的腦子裡到底在想什麼的他，好似了解到有什麼大難將要臨頭似地，一句話也不敢多問，只是試著抱著他的耐性坐在我身旁，讓我獨自沈思，安靜的他只有在我們的眼光偶爾相遇的時候，默默地閃著他的包容和愛心。我們這樣子坐了不知道有多久。

對了，愛心，就是愛心，我豁然徹悟到吉美的問題出在哪裡，原來她忘了愛！即使男人也是屬於這宇宙的一部分，也是愛的一份子。吉美搞錯了，即使她擁有強烈的精神力量，但是就是因為她無法愛人而引來了她的痛苦。那麼我呢？我不要和她一樣的痛苦。終於，我把這結給打開了，我愛每一個生物，每一個宇宙裡的靈魂，這其中當然包括了男人和女人，我們不都是一個個小小的靈魂，被放入這個有形的個體裡嗎？而我們不都是需要愛與被愛嗎？望著深藍

的大海，我頓時明瞭到宇宙的愛是無處不在的。歡悅和感激開始滲透著我的心，我感謝彼得的耐心，感謝吉美給我的混淆經驗（如果沒有她這一攪，我便無法體驗心智由混亂到清澈的過程），感謝神，感謝生命，這一切的機緣，讓我在此時領悟了愛的真諦。

回到了大石屋，我才打破沉默，向彼得敘述了下午的經歷，他靜靜地聽我講完了之後，仍然保持著安靜，只是在他那一如大海的眼睛裡含放著溫柔的諒解。

晚上，我和彼得來到吉美的廚房，謝絕了她的晚餐。吉美這時後正在和菲力浦吵架，一把鼻涕一把眼淚的她，硬想把我們留下來，這時我赫然發現她的精神力量雖然還是那麼強烈，卻和我的不再互相觸碰了。

第二天清晨，天還沒破曉，我們兩個就背著布包，輕悄悄地打開了大鐵門，離開了這個半廢的院子。坐上門口一輛腳踏三輪車後，三輪車夫便帶著我們奔向火車站，微涼的晨風伴著還未消失的圓月，為我們送行。

我坐在火車的車廂裡往外看，天色還未露出白肚，窗外鐵軌上一位乾瘦的老婦人正在賣奶茶，小小的一個土製的杯子裡裝著一口香暖的奶茶。我們倆向老婦人買了兩杯茶，慢慢地喫著，熱熱的茶下了空肚子，將全身都暖了起來。火車像是一條漸漸睡醒的大蛇，開始蠢動。先是像伸懶腰地緩緩地移動出聲，開始滑動起來，然後愈來愈快。我們將喝完奶茶的空土杯扔出窗外，算是向浦里告別，這是這裡人們的習慣，以土杯代替紙杯或塑膠杯，用完就可隨意丟，環保又愜意。我們兩個興奮莫名，因為我們知道這條大蟲將帶著我們繼續南下去會一些地方，和一些我們前世相約的人們相聚，它將帶我們到下一站，維吉安那克朗。

第三章 遠離文明

維吉安那克朗（Vizianagaram）

置身於這個我夢境裡從未出現過的地方，總有一種虛無飄渺的感覺，這裡不是我們的目的地，只是我們旅程中的必經之地，我們將在這個陌生的城市裡住上一晚，明天一早再找公車繼續往內地走，一直到我們的夢想的地域可拉布。

維吉安那克朗是個車水馬龍的大城市，城裡到處寫滿了像蚯蚓似的文字，面對這些古怪的文字，我們這兩個異鄉人感到一種全然的陌生。

在火車站的大門前，我們坐上了三輪車，然後就任車伕在大街小巷裡亂竄，我們的目的地只是一家乾淨便宜的旅館。眼看著天色漸漸地暗了下來，街上的商店也正一個個嘩啦嘩啦地拉下鐵門，我的心裡便開始嘀咕起來，總怕到了天黑還找不到個棲身之處。但是一想起先前在火車站對面看的那家旅館，我就只好按下性子，耐心地找。那家旅館歪斜老舊的牌子上，用微弱的字體寫著「旅舍」兩個英文字，單是這樣一瞥，我就知道不必進去看了。然而我們的彼得先生向來就有不願意錯過任何機會的天性。

「妳怎麼知道呢？也許會是個好地方！」每次當他這麼說的時候，我就有一種很倒霉卻又無奈的感覺。

為了看這家旅舍，我們兩個拖著霎時令我感到沈重的行李，爬著窄小又斜陡的樓梯，到了二樓。枯瘦的老人帶著黃土色方帽，看到了我們，像是看到神鬼似地，露出了一臉的驚訝，我猜他可能從來都沒有期望過有人會爬上他這裡投宿。老人家急忙地向屋內喳呼著一堆我們兩個完全不熟悉的話。當我們的腳步站穩，抬頭一看，哇！門檻裡早已擠滿了老人、女人、青年人、小孩子們，和一隻被養得很好的哈巴狗（這在印度是一件很令我驚訝的事，在這之前，我在印度只有看過路邊的癩皮狗）。女人和老人歡天喜地的連聲向我們說「有房間！有房間！」

雖然我們暫時鬆了半口氣，但是我還是有點不放心地跟在老人的身後，緩慢地穿過大廳，大廳裡沒有任何傢具，但卻擺設了一座印度神像，我們又走過空蕩老舊的迴廊，終於來到了一個髒綠色的矮破木門前。老頭一邊用只剩下骨和皮的手掌推開了房門，一邊在滿佈皺紋的臉皮上堆滿了笑容。門內赫然呈現在我們眼前的是一個如小老鼠洞似的房間，洞裡除了一張破爛的單人床外，再也沒有空間放其它的東西，或站什麼人。床上一塊看起來髒舊的薄墊子，令我禁不住地想到跳蚤，這使我馬上神經緊繃，全身發癢。

這時老人並沒有注意到我的反應，反而更興高采烈地說「可以再加一張床，沒有問題！」

我開始有一種很恐怖的感覺，我再怎麼也無法想像自己可能在這個灰暗的老鼠洞裡和一床的跳蚤一起舒暢地睡一個晚上。我趕緊回頭在彼得的臉上尋找他的反應。謝天謝地，他也給了我對這裡不太抱希望的眼神。因為，如果我們兩個是為了住不住這個地方而吵架的話，我真的會感到很窩囊。

「只要十個盧比，非常便宜！」心中滿懷著希望的老人，快語地道出後，就猛在我們的臉上找答案。

這個時候的我，已經到了無話可說的地步，一心只想趕快逃離這個恐怖的地方。

「可以看看你們的廁所嗎？」彼得問。我不知道他到底是不忍心讓老人失望呢？還是真的對這裡還存著一絲希望。

「當然，當然，沒有問題！」老人一邊說一邊往廁所的方向走。於是，我很不甘願地和彼得跟著他蹣跚的腳步，經過幾個髒舊的綠門，來到昏暗的後陽台，老人扁枯抖動的手推開了一個破木門，門裡的水泥地上展現著一個慘不忍

睹的黑洞，洞的四周沾著黏黏的黃汁。我和彼得這下什麼也不問了，看也不再看老人一眼，同時抓緊了我們的背包，回頭就跑，逃過了一群不解的眼光，不顧一切地往樓下衝，一直衝到對街。

一部三輪車經過了我們眼前，我們趕緊跳上了車，一心一意只想趕快離開此地。直到車伕停下了腳步，我的心還沒穩定下來。這次，我索性讓彼得和車伕上去看。我呢，就用一條沙龍布將頭裹起，索性坐在三輪車上顧背包。

天色即將黑下來的巷子裡，牛群閒散地漫步著，三隻驢子安靜地站在路邊，一隻黑毛豬頂著肥大的肚子在路旁的小水溝裡覓食著。不遠處三、四個中年男人，聚在一個三輪車旁，一邊抽煙一邊聊天，一點也沒發現我的存在。而我的心，在欣賞這幅美景的同時，也平靜了不少。

車伕三步兩步地跑下樓，來到三輪車旁，比手劃腳地告訴我彼得中意了這家旅舍，然後他提起了我們的布包，領著我爬上那狹窄的樓梯。到了二樓，看到的果然是一個明亮的大廳。原來彼得有時候還是可以信任的。

櫃檯前穿著白襯衫的青年人，帶著我和彼得一起去看房間，高大的鐵門內是一個四塊榻榻米大的房間，房間裡放著兩個寬大的雙人床，和一個小茶几，一切都還算整潔乾淨。當然，我還是不放心地到後陽台去看廁所。那地方寬敞明亮，雖然也是一個洞，但是至少還潔白得令人看得下去。洞旁的自來水龍頭有嘩啦嘩啦的大水，下頭放了一個乾淨的塑膠桶盛水，裡面還有一個小舀子。不止如此，寬大的陽台上，居然還有好久沒看到的大鏡子和拼著小瓷磚的洗臉台。這裡的一切都讓我出乎意料的滿意，正當我欣喜地回到大廳時，我卻發現那個三輪車先生正在和彼得嘰哩呱啦地講得沒完沒了，氣氛有點凝滯。

「他認為三十塊盧比不夠，他要五十盧比。」櫃台裡留著八字鬍的青年人，很尷尬地對我解釋道。「五十盧比！」我心裡想「我的天哪！這家旅舍一晚也不過二十個盧比，他可能以為碰到了開金礦的大笨蛋了！」。我和彼得向他解釋了半天，他卻把臉拉得更長，嘴撇起來，一副誓死也不願意聽進去的樣子。

我的耐心沒多久就用完了，霎時，我心中的怒火直向他燒了起來。

「錢！錢！錢！你這個人只想到錢！你真的很可惡！你是印度徒，你的神呢？你的心中有沒有神？」我對他大聲吼著。

他雖然聽不懂我在說些什麼，卻在他那暗淡無光的眼神中，也和我一樣地發出了怒氣。他和站在櫃台裡的八字鬍先生講了一大堆，裡面我只聽得懂「盧比」兩個字。大氣收不住的我，繼續很生氣地向他罵道「你這個人真的很糟糕，你只想錢，不想神。告訴你，我們沒有錢給你！」

我又轉向身旁彼得說「我們一毛也不要給他！」

可憐的彼得，不但要面對不講理的車伕，現在又多加了一個我。我們身後的迴廊上，一串串的鐵門響起，一個個如烏龜似的頭顱從門裡伸出來觀望。頹喪的彼得，從皮夾裡抽出了三張十塊錢，遞給了眼中佈滿了紅絲的車伕。

「這裡，拿了，走吧！」彼得用著僵硬的口吻說。

這人朝那咖啡色的紙鈔瞄了一眼之後，還是站在原地不動，並且表示了堅決不走的態度。看來，我們可能是在上輩子欠了他什麼了。

這時，一位富態的中年婦人，不知從哪裡冒了出來，站在我們中間，問我們發生了什麼事。我像是碰到救星似地，抓著這印度女人的胖手膀，朝著她那厚實又帶著溫柔的臉直歎道：

「這個人，心裡只有錢！」

她帶著了解的眼神，真誠地望著我，溫婉的字語由她口中流出：

「這是卡里時期！」（意思是世界大亂的時期）

「啊！」這句出其不意的話，正中了我的眉心，我的喉嚨也頓時哽住了。頓時，我對自己得理不饒人的霸道感到慚愧。

她又慢慢地和車伕講了一會兒，他的煞氣也收斂了不少，到最後他從婦人手中接過了錢，看也不看我們一眼便走了。

這時身後的迴廊，又發出一串串鐵門響，一個個黑油油的頭顱又都縮了回去。

我的心中對這婦人，真是萬分感激，如果不是她，這場鬧劇還不知要怎麼收拾呢！但不止如此，她那如祖母一般的溫情和話語，硬是讓我記得要寬待人們的無知，因為我自己也是屬於無知的一群。

等我們回到自己的房間，門房老人送來了一壺冷開水。清涼的水，直通過腸胃到肚裡，將我滿身的氣焰消了一半。這時我才發現，我的胃早已空了。有著

一片空白的頭腦，再也轉不出什麼東西來的我，面對著連連歎氣的彼得，口裡還不停地絮絮叨叨了老半天，直到彼得的空肚子發出了求救聲，我才霍然發覺自己應該停下來了。

旅舍樓下的斜對面有個不大不小的餐館，又餓又累的我們就索性在此解決我們的晚餐問題。因為太餓的緣故，我們就不顧一切地點了一大堆菜，咖哩雞、咖哩羊，咖哩洋芋和花菜，再配上香噴噴的白飯。菜一上，我們兩個便狼吞虎嚥地吃將起來。吃到一半的時候，門口忽然出現一個衣衫襤褸的女子，中年的她有一身黑乾的身體，半裹著破布，在冷颼颼的寒風裡像個孤魂野鬼似地東飄西蕩的。來往的行人和店裡的老板，只瞄了她一眼，就再也沒有興趣。她那四散分飛的枯髮堆裡，隱隱約約地露出一雙黑亮的銀光，這銀光讓我驀然一驚。我心想，這一如女鬼的女子，不也曾在還是娃兒時令人抱在手裡捧著，呵護著嗎？到底是什麼樣的際遇讓她如此失去了心智似地飄盪？而她卻也像我一樣，在這地球的吸引力上晃蕩著、尋覓著。我好想跑上前去問問她，為什麼這樣地飄盪？但是一回神，她已經在我眼前消失，在黑夜中不留下一點痕跡。吹過來的微風裡，連一點她的餘溫都不帶，我有一點恍惚，甚至於懷疑她是否曾經存在過，還是只是我自己的幻覺？看來，我只能將藏在她身上不可解的謎，鎖進自己的記憶裡。

我們兩個吃得肚子又辣又脹，即使長期的跋涉讓兩個人的眼皮都已經累得抬不起來了，我們還是沒有辦法懷著這樣的肚子躺下去睡。我們只好撐起精神，在這個習慣早睡的城市裡散步，等待肚子放我們去睡。八點鐘時的街道，所有的店舖都已拉下了鐵門，巷子裡的路人只有一兩個，牛羊們也頂著吃得飽飽的肚子，蜷在路旁或路中央，只有肚子好像個無底洞的黑毛豬，還在努力地尋覓著。我發覺，在這個城市，每家門前的空地上，都用白粉畫成各式各樣的圖案，構圖複雜美麗。我們經過一個十七、八歲的小姑娘身旁。秀麗的她，穿著粉紅色的輕沙麗，像個夜間的仙子似地蹲在地上，聚精會神地用她右手的食指，沾著銀缽裡的白粉，畫著顯然在她腦子裡早已刻好了的圖案。

彼得輕聲地跟我解釋道：「這是印度南部的一個習俗，這些美妙的圖案，可以將門外的邪惡清洗掉，然後迎接真神進入家門，保佑全家安寧，走入正道。南部的女人們，從小就背熟了這些圖案，結婚了以後，就可以每天在自己的家

門口畫這些迎神的圖案」。我對小姑娘有著滿心的羨慕，真後悔自己沒能投生在一個印度南部的家庭裡。

我安靜地望著女孩，她用著那輕快的手指，熟巧地一條一條地畫著優美的線條。慢慢地，線條連成了一個方形的大圖案。女孩滿心的虔誠和寧祥，傳給了我全身，傳遍了整個小巷子。我和彼得，滿心歡喜地踏在畫滿了白粉圖案的小巷道裡，一月的微風陣陣吹來，這時，彷彿真神已隨著風駐足在整條小巷裡。

往可拉布出發

天上的星星還沒和太陽問安，我們兩個就已經打裡好了行李，付清了房錢，上了路。昨晚的一宿真的很短。

黑暗的巷子讓我們分不出東西南北。三輪車夫們都還蜷在他們車後的小木座上，幾個早起的中年婦人在路邊嘰嘰喳喳地講著話，我們向她們走去，比手劃腳地問清了車站的方向，就順著那方向大步走去。身後明亮的大圓月，像是在向我們倆送行似地高掛著。

一個早起的車伕，輕快地騎著他的三輪車過來。一切都由造物主安排好了似地，我們上了車，讓他帶我們去車站。下車時，他高興地說「你們是我今天的第一個顧客，我只要收你們五個盧比。」我和彼得不可置信地睜大了眼睛，尤其是昨天才發生了和車伕為了價錢扯不清的事件。但我們還是塞給了他十塊盧比，彼此發出會心的微笑，並道了謝。我們向他手指的方向走去。這時還不到六點鐘，天空開始露白。去可拉布的公車要到七點鐘才開，於是我們決定先去吃早飯。車站旁的食堂裡，擠滿了飢餓的男人們，拿著大條大條的炸辣椒，配著白飯，唏哩呼嚕地吃著，除了這個就是咖哩洋芋和油油的薄餅，沒有太多的選擇。這樣的早餐，我已經天天吃，吃怕了，因此，吃早飯漸漸成了令我非常頭痛的事。待我們回到車站前的廣場，已是六點四十分，去可拉布的公車已經停在廣場上。要去可拉布的人不多，十幾個小商人打扮的男人們，早已坐在車上。我和彼得找了個喜歡的位子坐下。

彼得拿出剛向路邊小攤販買的Bidi（印度葉子捲起的菸草，很濃，很難抽）抽著，我則往窗外四處瞻望著。住在車站廣場的人家們，早已掛起了舊布，四處張羅著早飯。突然，我的視線被一個景象給吸引住了，離我們車子不遠處的空地上，住著一家七口，他們圍著一由三塊半大不小石頭圍成的火爐，不停地塞進細瘦的枯樹枝。微風好像有知，這時也來幫忙他們輕吹著火苗，漸漸地，火苗成了火焰。爐上凹凸不平的小鐵鍋裡，滾出了熱騰騰的蒸氣，一家人的早飯看起來有著落了。瘦黃的小男孩，拉來了用老舊破布裹著半身的老祖母，和被痲瘋吃掉雙手的大男人。老祖母將乾枯的手爪，伸進背在身上早已成灰黑色的舊布包，翻了老半天之後，終於掏出一個小鐵杯來盛裝早飯。這時，另一個更枯瘦的白髮老婆婆從這歡樂忙碌的一家人面前經過，老祖母和老婆婆打開了話匣，老婆婆也就這樣地加入了他們殷勤的等待，等待早飯。生活就是這麼樸實，這麼充滿著生氣。

小男孩的媽媽是個三十來歲的婦人，額頭上點著紅沙點，背上扛著一家子的家當，卻一點也不覺得沉重的樣子。她的臉上，刻劃著無數日月所留下的痕跡。然而，在她的身上卻一點也找不到疲累和失望的影子。她將鐵杯裡盛好了早飯，遞給她那早已被痲瘋吃光了雙手的丈夫，臉龐上自然慈祥的神態伴著溫情的目光，靜靜注視著他的丈夫。而他用小心地兩隻手球夾著鐵杯，張著半瞎的雙眼，瞇眼回望著他的妻子。他們倆的舉動像是一唱一答般地，講述著早晨的來臨。這時，早晨的陽光也照到了這塊空地。突然間，我領悟到，他們如此的生活，雖然在我們外人看來貧困痛苦，但是他們卻活在另一個我們無法想像的世界，由於他們的靈魂沒有和世俗的人們一樣被身體給困住，因此他們在神的讚美裡自由快樂地活著。這才是真正的歡樂和喜悅。頓時，我感到萬分羞愧，無知的我哪有資格對他們濫施同情，原來他們的靈性生命裡擁有的比我多得多，他們高尚的品德早已是世俗的人們無法可及！他們的人生境界裡散播的沒有怨天尤人，只有怡然自得，互相扶持。這個美麗的人家擁有極大的寶藏，忍耐、克服、喜悅、信賴、關懷，這些就是他們源源不絕的力量！這一剎那間，反而是他們幫我擴展了心靈上的領域和深度。

車子開動了，我默默地望著這家人在晨曦中閃耀著金光的身影，心裡充滿了感激，感激這個被上蒼祝福的一家人用他們的生命幫我增長了智慧！

一群孩子們笑鬧地跟著公車跑了一段路，送著我們離開這個城，我們也帶著他們的歡笑奔向未知的山野，我心中默默地呼喚著，可拉布，我們來了！

公車離開了小城，越過了高山和綠田，經過了一站比一站還要具有荒野氣息的小村莊。我們越過一大片的黃土塵埃。乾裂的河床裡，幾十個光著上身的男人，和穿著花花綠綠的女人們，一個接著一個，抱著一盤盤的沙和一塊塊的大石頭，不知要堆成一個什麼東西（後來彼得告訴我，他們在蓋水壩）。

夢寐已久的可拉布

吃得黃土滿身滿肚的公車，帶著我們，瀟灑地狂駛過大草原。青綠色的草原，將站在它身上的女人們紅紅紫紫的沙麗，襯托得更豔麗了。車子越開越偏遠，女人們的沙麗也跟著變得越鮮豔。車子繞進了荒野中的一個小村子，在一個小土屋前停了下來，四、五個俏麗的小姑娘上了車，鮮色的沙麗襯著她們黑亮柔細的肌膚，梳得光亮的髮髻上插著一圈的香花，又大又圓的眼睛裡閃露著純淨的光明，這光明和著她們的身體上的清香，在車子裡散發著令人愉快的情緒，我們這些原本灰頭土臉的遊子，突然間好似沐浴在清涼甜美的溪水裡，一個個又精神充沛起來。現在有這群美麗的姑娘在車上，我們好像去哪裡都沒關係了。

車子又開過了許多的山丘和低谷。可惜，美麗的姑娘們早已陸續地下了車。現在車裡只剩下我們四、五個無精打采的遊子，此時的我已經滿身黃土，半躺在長木椅上。顛顛簸簸的山路，和正午的大太陽，令我昏昏欲睡。過了中午，車子開進了一個小鎮，我的心中畫起了一個問號，「這可能是我們夢想已久的可拉布嗎？」

公車在鎮中央的小廣場停了下來。留著八字鬍的車掌先生嚷著「可拉布！可拉布！」

「哇啦！我們到了！」彼得很高興地拿起了背包。

「可是，彼得，這就是可拉布啊！」我看著窗外，半帶著失望地問。「我本來以為這裡全是森林和原住民！」。

「我也本來以為是這樣的。沒關係，我們可以先找一個地方填飽了肚子再

說。」，摸清楚我斤兩的彼得現在很會安慰我。

想像中的可拉布，總是荒野的山丘上的一個小部落。然而，眼前的可拉布卻和想像中的完全不同，籃球場般大的公車站旁，有兩、三家食堂，三、四個販賣著香煙和檳榔的攤子，和幾個小茶攤。幾個頭上綁著粗布條的男人打著光腳站在這黃沙陣陣飛起的土地上閒聊。看著這周遭一切，我迫不及待地想知道，我們到底到了一個什麼樣的地方。

但是餓昏了頭的我，很乾脆地接受了彼得的建議，先把一切都放下，填飽了肚子再說。

「三家飯館，要去哪一家？」彼得隨口問。

其實，我們早已經知道，再怎麼選，我們所吃的當然都還是一樣，咖哩洋芋、白飯、和炸薄餅。我們已經每天吃，餐餐吃，快一個月了。然而，現在我們只希望能選到一家吃了以後，不會讓肚子不舒服的就是了。

我們左顧右盼，又討論了半天，終於走進了在玻璃櫃裡只有一隻蒼蠅的這一家。當我們在搖擺的木椅上坐穩了之後，才驚然發現，這家店裡的跑堂只是兩個稚氣未脫的小男孩，小的那個看起來大概只有六、七歲。大的嘛，也不會超過十歲。他們倆個很專心地收杯盤、擦桌子、幫客人點菜、上菜，照顧著店裡的每一個人。年紀較大的小男孩，張著一雙聰慧的大眼睛，口裡轉著流利的英文，正經八百地問我們，「先生，女士，你們要吃點什麼？」

我瞪著不可思議的眼神告訴他「咖哩和白飯，和炸薄餅。」彼得好像已經習以為常了，一點也不訝異地向他說「我也和她一樣，外加一碗豆湯！」

小男孩懂事的像大人般，向廚房裡大聲嚷著「兩個咖哩白飯和薄餅，外加一碗豆湯！」

過沒一會兒，小傢伙熟練地拖著鐵盤幫我們上菜，比我看過的許多大人強得多。

「這兩個小孩怎麼這麼棒？」這時我心中卻對他們升起了無限的疼惜，這個年齡的孩子是應該在學校裡才是啊！聰明乖巧的他們一定可以有很大的出息的！再想到自己在這個年紀的時後，總是飯來伸手，茶來張口的，哪有想過伺候別人呢！

「這些孩子都是有使命的，他們從小就生在這樣的環境，這就是他們的學校，把自己的責任做好就是他們的功課！」來這國度那麼多年的彼得固然看得比我深遠。他可以泰然地面對這兩個孩子的早熟。而怎麼想還是想不通的我，一邊默默地注視著這兩個如精靈般的孩子，一邊吃著咖哩洋芋泥和白飯。臨出門前，我不捨地偷偷地看著兩個孩子，默默地祈求上蒼保佑他們，讓不在母親身邊的他們可以在神靈的呵護下成長茁壯！

解決了肚子的問題，再找一個棲身之處，我們就算安定了。我們很高興看到廣場的後街上就有一個名字叫克里希納的小旅舍（在印度待久了，就會發現在這裡什麼都可以叫克里希納）。我們兩個跨進門檻，走到櫃台前。櫃台裡面站著一個滿臉精明的青年人

「只剩下一間雙人房，二十五盧比。」他望著我們，很乾脆地說。

跟隨著他，我們經過一個小小的迴廊，來到一個沒有窗户的小房間。這裡總共有兩層樓，上下層各有一間公用的廁所和洗手間。屋頂上頭有一個小小的陽台，我們兩個滿懷希望地問這青年人，平常是否可以爬上屋頂的平台透透氣。

「不可以！」他直接了當地拒絕了，口氣中沒有緩衝的餘地。這令我們感到意外

和喪氣，房間沒有窗户，又不能上陽台。

喜愛大自然的我們，實在不太喜歡被拘束在一個小小無風的盒子裡。我和彼得在沈默聲中互相傳達了我們兩個的想法。

「對不起，」彼得有禮貌地對他說：「我們實在沒辦法現在就決定，可以過半個鐘頭再回來給你答覆嗎？」

「這真是蠻困難的。」年輕的他晃著他那油油的頭。「我們只剩下這一個房間，等一下如果有人來問，我是給他還是不給？」

就在他剛說完的那一刻，一個提著小提包的小商人急急地跑進來，一進來就問衝著青年人問：「有沒有一個房間？」

「好！我們定了！」我和彼得同時提高了音調大聲地向那青年說。

我們洗乾淨了衣服和身上的塵土，身心都安頓好的時候，已經到了下午。走出了如鴿子籠似的房間，來到了小街上。街上有著各式各樣的商店，文具店、雜貨店、藥店、照相館、小吃店，就是沒有一家觀光客的紀念品專賣店，我們感到特別開心，因為這表示這裡是觀光客不來的地方。雜貨店前掛鉤上掛著兩種不同顏色的塑膠水壺，好像我小時後上學一年級帶的那種，剎那間這水壺好

像帶我回到兒時。這種跨越時空的感覺十分有趣，也覺得萬分親切，我決定要買一個，選了半天才請老闆拿下藍色的那個。

回到隔壁的鴿子籠，我滿心歡喜地將新水壺裝滿了水，彼得拿出了碘，往裡面滴了幾滴。「消毒殺菌！」他看著訝異的我說。不敢置信的我算是又跟他學了一招。背著新水壺，我好像又回到了童年，興奮地踏著輕步，無憂無慮地遠足去。

這裡的女人，讓我著迷，尤其是她們的衣著，更像一朵朵艷麗的鮮花，令人傾心。言語不通的我們，雖然還搞不清楚這是一個什麼樣的地方，但是已經在空氣中嗅到了原始的氣味。

五顏六色艷麗的彩布，經過女人們簡單地在身上一圍，然後在肩上打一個結，就成了美麗的衣裳，輕盈服貼地依在她們的身上。我們經過了一個布店，掛在裡頭的布，全都印著鮮豔的色彩和奇特的圖案，令我驚歎、著迷。我站在布店裡，整個人都浸在五彩繽紛的世界，哪裡也不想去了。很可惜的是，彼得並沒有同感，他費了許多的力氣，才把我拉出了布店。不巧的是，當我們轉到大街上時才發現，街中間擺滿了地攤，其中最多的又是賣布的，並且賣著更多色彩的花布。望著這些像蝴蝶在飛舞的花布群，我再也忍不住了，丟下滿臉無奈的彼得，高興地歡呼著，我這時好似也成了蝴蝶般地飛了進去。我想，這裡的女人真幸福，可以自在地穿著這麼美麗的花布衣。

「這麼美麗的布，我很想買一些！」我充滿期待地問著彼得。

我們兩個人將教書賺的錢，辛苦地存下來之後，集在一起做這次旅行的費用。一起存，當然也是一起用，這其中的好處是什麼，我也搞不太清楚，然而壞處倒是有很多，尤其是每次我想要買什麼東西的時候，都得問他。這個問題開始令我既煩又惱。

「妳買這些布回去，又不知道怎麼穿！」彼得想了半天之後終於找到了回拒的理由。

「我可以和這裡的女人學呀！」我很不服氣地說。

「但是，妳會在什麼場合穿呢？」彼得說。

「可以穿！」我嘴硬地說。心裡卻看到在台北冬天那灰暗的水泥森林，這衣

布可真是顯得太豔麗了。

「哪裡？」彼得說。

「好，就算我不能穿，我把它掛在房裡欣賞總可以吧！」我拿定主意了，一定要買，旅費裡也有我的份。

「但是，我們不要拿那麼多東西旅行，我們還有很多的路要走。」他又換了另一個理由。

「我可以自己拿！」我很不高興地說。我開始感覺到不管再怎麼說，他都會反對到底。

「把錢給我。」我說。這時我終於了解把錢和他合在一起用真是一件很愚蠢的事。

彼得不太情願地把錢給我，我便拿著不常拿的紙幣，在花布堆裡選了一塊鮮橘色和一塊鮮黃色帶花邊的長布。心滿意足的我，微笑地向對我無可奈何的彼得眨著眼。

抱著我心愛的布，和彼得繼續向前走去，突然，我被眼前的一景給愣住了。街頭的三個大地攤前，坐著三個長得和我相似的婦女。她們身上緊綁著中國邊疆民族的厚布衣，在豔陽高照下打著笑臉，和印度男人們唸著討價還價的經，牆上和地上擺滿了毛衣和毛毯。我站在那愣了許久，總是無法將這幾個屬於西藏或蒙古、新疆這些寒冷地帶的妹子，和這日日炎熱的印度南部，連結在一起，更何況是在這偏遠的地區。其中的一個婦人看到了我，便拉著旁邊的婦人，用嘴唇附在她的耳根上不知道講了些什麼，於是第二個婦人也看了我兩眼，微笑在她的臉上如陽光似地展露出來。第二個婦人又拉著正在專心講著價錢的第三個婦人，附在她的耳邊講了一堆話，這時三個婦人也不管客人了，只是直望著我微笑。此時的我陶醉在她們的微笑裡，早已忘了我的身在何處，只是和她們一起傻傻地笑著。

記得以前住在泰國的鄰居老王曾經對我們說「只要是中國人，就是一家人。」當他說這話的時候，我總覺得太肉麻了。但是，這不就是我現在所感覺到的嗎？然而，她們還不真是中國人呢（只是中國自己說而已）！我們用眼神誠摯地彼此給予祝福後，妹子們又回到了她們的現實。這麼多流浪的日子，已經讓我學會了如何將人們的祝福放在心中，帶著走一輩子！

我們兩個悠閒地逛著，逛到了鎮外。走過了綠蔭成林的小山坡，來到了清淨的小溪，溪旁一戶戶的人家們，用土和牛糞混合而建成了小土屋。每家門前掃得乾乾淨淨，用著白粉畫出各種不同的圖案，神聖又神祕地向他們的神膜拜著。

女人們此時都坐在門口，談天、洗米、縫衣服或幫小孩子們捉頭上的跳蚤，每一個人都精神飽滿。小孩子們看到了我們，很驚訝地叫起「英國人！英國人！」、「中國人！中國人！」、「俄國人！俄國人！」。我們不知他們覺得誰是俄國人，我笑說是彼得，彼得笑說是我。反正許多天沒照鏡子的我們，早就無所謂誰是誰了。

我們走到了一個兩旁種滿了老榕樹的大道，彼得說這些是英國人三百多年前佔領印度的時候種的。我常常被他突發的知識和判斷力感到吃驚和佩服。道旁除了大榕樹，還有幾個政府機關，其中居然還有一個掛著「旅客資訊中心」木牌的舊木屋，這令我們兩個感到很驚喜。

我們好奇地走到舊綠色的小木屋，木門沒有關，我們往裡頭探看，裡面一個人也沒有的樣子，我大叫兩聲「哈囉！哈囉！」，卻也沒有人回應。

「好奇怪，這到底是怎麼回事？」我滿腹疑惑地望著彼得。

彼得也是一副被搞迷糊的樣子。他沈默了半天，突然，他的眼睛一亮，好似找到謎底地說：「今天好像是星期六！」

我們還是不放棄地在外面看看，裡面等等，這樣地差不多過了半個多時辰。就在我們快要想離去的時候，兩個青年人走了進來，很意外地發現我們兩個外國人坐在小木屋裡。然而他們還是很穩重地把心情撫平下來，溫和地用印度文夾著英文，攪盡了腦汁，費盡了力氣讓我們兩個了解，今天星期六不上班，後天—星期一專員會來上班。

當然，最後他們還是不會忘記用他們的傳統英文和我們練習一下。

「你的國家是哪個，先生？」瘦高的問彼得。

「加拿大。」彼得說。

「喔！謝謝你！」接著他又問「你們為什麼來這裡呢？」

「來探訪和遊玩。」彼得答。

「探訪？」兩個青年人同時瞪大了眼睛，擺出了不可思議的表情。

我們兩個無法和他們解釋，只能和他們微笑地點頭。我心裡頭默默地希望有一天他們會了解，在他們自己的土地上，藏著無限的寶藏。

星期一的一大早，我們又回到了小綠屋。矮胖的專員了解了我們是來探訪的之後，便急急地問：「這裡有什麼讓你們感興趣？！還有，我們要怎麼幫助你們？」我感覺他們這裡好像從來沒有碰到過旅客。

「我們在布巴尼斯瓦的原住民研究中心了解到，可拉布是一個住有許多不同原住民的森林區，我們對這些很有興趣，希望能得到一些比較詳細的資料。我們知道在這些森林區裡有外國旅客可以申請住宿的小屋，我們也想知道是否可以申請，並且想知道這些小屋在哪裡。」彼得一口氣就像印度人一樣地講出了一大串。

專員先生一副謹慎的樣子，一邊拿出地圖一邊和我們解釋。「可拉布是一個區域，不是一個小鎮，它從可拉布到木圖，在這個區域裡有一百萬人，百分之七十五的人是原住民。我們這裡屬於森林管理局，如果你們想要住在我們的森林小屋，你們應該去齋普爾去找我們的局長，他可以幫你們安排。」

「齋普爾在這裡。」他手指著地圖上的一點說。

「離這裡有多遠？」彼得問。

「不太遠，坐車差不多兩個小時。」他晃著頭說。

「非常感謝你！」彼得說。

「不客氣。」他很開心地說「你是從什麼國家來的，先生？」

「加拿大。」彼得沒加思索地回答。

「喔！加拿大，我有一個親戚住在加拿大，很冷的地方。」他說。

這次輪到我和彼得瞪大了眼睛。

「是的，很冷的地方。」彼得一邊說一邊做著很冷的樣子。

他們倆個人就這樣地在這炎熱的正中午，講著加拿大的寒冷，此時熱得汗流浹背的我，怎麼也無法加入他們的想像。

一個注定我要崩潰的日子

這是一個老天注定我要崩潰的日子。整個晚上，我輾轉難眠。我一直在猜住在樓上房間的人，肯定是個大胖子。這個大胖子很喜歡在床上翻來覆去，每次他一翻轉，他的床就動一下，刮得他那薄薄的地板，也就是我的天花板嘎嘎作響。

門外狹窄的走廊上，如醫院似地擺滿了行軍床，床上睡滿了跑盡南北江山的漢子們。這些漢子裡有些晚上不睡覺的，就乾脆爬起來抽煙，吃檳榔還帶聊天，看來這也像成了他們的習慣。濃濃的煙在這個密不通風的房子裡，理所當然地從門縫竄進了我們的房間，這濃煙帶著檳榔的味道一起衝到了我的鼻子裡，再從鼻子往下擴散到喉嚨、胸、肺，往上衝到雙眼和腦門。在這個沒有窗户的房間，我只能抱著坐以待斃的心情，躺在那裡。身旁的彼得早已呼呼入睡。用著大嘴呼吸的他，一直浸在他那甜美的夢鄉裡，一點也沒有感覺到我的現實問題，他的舒適令我感到忌妒，而這忌妒又很快地轉變成生氣。過沒多久我也和樓上的大胖子一樣，翻來覆去。

許久之後，大胖子不再翻轉，焦慮不安的我也累睏了，就當我剛要入夢的時候，樓上傳來了如雷似的打呼聲，像恐怖電影般地把給我驚醒。身旁的彼得，顯然一點也沒有聽到。熟睡的他，微微地發出打呼聲，竟和樓上的呼聲形成了一種共鳴，這令我更是覺得他是在火上加油，雖然他不是故意的。

濃煙仍然不斷地從門縫鑽進來。這時，令我窒息的空氣裡，充滿了講話聲，咳嗽聲和打呼聲。再也無法忍受的我乾脆張開了眼睛。

「彼得！彼得！」我小聲地叫著。

沒有任何反應。

「彼得！」我大聲地叫著。

仍然沒有任何反應。

「彼得！」我一邊大聲地叫一邊用力地搖著彼得。

他終於有了反應。

「呵…什麼事啊？」他含糊地說。

「我睡不著。」我說。

「哦…」他又睡去。

「我說我睡不著！」我的氣開始向他飆出。

「那你要怎麼辦？」想睡的他很無奈地問我。

「你難道沒有聽到樓上的打呼聲？門外的講話聲和咳嗽聲？整個晚上，房間裡充滿了濃濃的香煙和檳榔的味道，我一點也沒有辦法呼吸，我真不知道你怎麼可以睡得那麼沉！」我把一晚上的怨氣一口氣都發出來了。

「你要我怎麼樣？我可以告訴走廊上的人不要咳嗽，不要講話，也不要吃檳榔嗎？」睡不成的他也被我給惹毛了。

一切的情況都無法改變，反而更糟糕的是，我把彼得給搞火了。無法再睡的他，也開始和我一樣地在床上翻來轉去。過了不知道有多久，我終於受不了地坐了起來。

「我受夠了！我要離開這個地方！」我說。眼淚已經注滿我的眼眶。

「現在這個時候，你要去哪裡？」彼得不得已，也只好坐了起來。

「我不知道！但是我已經受夠了這裡！」我說。

彼得爬了起來，他把日光燈打開，原本黑暗的房間，現在大放光明。他在布袋裡找出了電子小鐘，用他疲累的睡眼看了一眼之後，滿臉無奈地對我說：

「四點四十五分！」

「我不管，我整個晚上沒睡，我沒有辦法在這裡睡！這裡真的很可怕！我們怎麼會這麼倒楣，落到這麼一個糟糕的地方呢？」我開始抱怨。

「那妳說我們要做什麼？這麼早，飯館都還沒開門！」聰明的他趕緊找出路，不然，他知道我的抱怨是不會自動停止的。

「沒開門正好！反正我再不也想吃一頓油油、辣辣的洋芋咖哩當早飯了。我已經每餐吃，天天吃，吃了將近一個月了！吃怕了！今天早上我連聞也沒辦法再聞洋芋咖哩！午飯和晚飯我也許還可以，但是早飯決不可能！」我很堅決地講出心裡的話。

彼得看著固執的我，露出了笑意。每次當我如此這般的時候，他就會像在看一齣喜劇似地笑起來，這是他的對策，然後我也總是忍不住地跟著他一起笑了，這樣我們之間的一場戰爭就常常輕易地化解了。當然他以為這次也是這

樣。

「那，你想吃什麼？」他理解似地問。

「我們有昨天留下來的水果，也許用來做水果沙拉。」被理解的我，很願意合作。當然，我沒有說出我真的想吃什麼當早飯，因為我知道，沒有炊具的我們，要吃一鍋地瓜粥是不可能，最好還是不要說，當然最好還是不要想！

「好！我們可以把水果沙拉做好，然後出去找一個安靜的地方吃。」彼得顯然覺得這是個好主意。現在他已經完全清醒了。

「我希望我們能夠找到一個空氣新鮮的地方！」待我說完，我們兩個都大笑起來，然而我們一點也不曉得這句玩笑話待會兒會變得一點也不好笑。

我們兩個坐在床上，彼得用萬能小瑞士刀將芒果切成了小塊，我則把葡萄的皮剝下來，我們再剝出兩粒橘子，將彼得小鐵鍋裡的保健藥通通倒在床上，再將這些水果通通丟進鐵鍋裡去，水果沙拉就準備好了。

我手中抱著這鍋寶貝早餐，彼得背著裝著我們的家當的布包，打開了房門，穿過了走廊裡漢子們噴吐出的雲霧，跨出旅社的大門，滿載期望地去找我們的新鮮空氣。

天空的白肚才露出來，小鎮裡的婦人們這時早已經起身，開始盥洗。微風迎面吹來，一陣糞臭撲鼻，我很清楚地聞出這糞味裡包括了牛、羊、豬、驢、和人的。

「怎麼會那麼臭？到處都是糞便味！」已經被薰了一個晚上的我，已經再也擠不出一點耐心地問彼得。

「當然，我們忘記了這個時候是人們大小便的時候。」彼得好像想起來什麼無關緊要的事似的。

「忘記！這景象從沒在我的記憶裡！我想他是在說他自己忘記。」我心裡想。但是我的胃已經快被這味道攪得翻騰起來，更別讓我想到早飯了！

「他們到底在哪裡大小便？為什麼那麼臭！」我隨口的問，希望能把我的胃的注意力打散。

「到處！」彼得順口回答。

「什麼？」我真希望我沒有問這問題，好笑的是其實不用問也可以猜到，我只是很不願意地去面對這個事實。「為什麼他們不建廁所？真的很噁心！」

「你以為他們有錢蓋廁所嗎！」快要對我失去耐心的彼得，嗓門突然拉大了

不少。

我望著一個個黃土和著牛糞的矮房子，房子前滿頭蓬鬆亂髮的小孩子們，身上套著如麻袋一般的舊衣裳，張著半醒的睡眼，光著小屁股，安靜地蹲在屋前的小水溝旁。我再也沒有話可以說了。

我們走出了小鎮，穿過了小村和田園，爬上了小山丘，來到了一個白色的印度廟宇。即使在這個高高的山頂上，我還是可以從吹來的清風裡嗅到那令人不快的味道。

「我還是吃不下！」我沒有胃口地說。

「你到底是怎麼了？這裡不是很好嗎！你到底要什麼？」彼得對我的耐心已經到了極限。

「我要離開這裡！」我生氣地大聲叫，道出心中的酸苦。

「我們不是說好了等妳的簽證延期辦好了就可以走嗎？」他的聲音也提高了不少。

「我不要等什麼延期了！我說的這裡是指『印度』！我已經受夠了這個鬼地

方，我不要繼續在這裡旅行下去，你早就知道在這裡旅行那麼辛苦，為什麼你早先都不告訴我！」我大聲說。

他被我這一席話給嚇住了，一愣之後，也大聲回我：

「是你自己想來的！現在你這樣埋怨我，真的很不公平！」

「你不知道我在這裡旅行有多辛苦，你來過那麼多次，你已經習慣了。我呢？我第一次來，又是一個女人。我們這些旅行的外國女人，總是被這裡的男人當怪物看！這些你都不了解！」我像火山般爆發了。

「我當然了解！」他嘴硬地說。

「我要離開這裡！」我差不多聲嘶力竭地說。

彼得皺起了眉頭，一副很苦惱的樣子。按照我們的計劃，我們在印度還有一個月的時間，然後到尼泊爾一個月以後再回泰國兩個月。現在我這樣認真地鬧情緒，他真的是無法應對了。

「那你要去哪裡？」他終於投降地問。

「泰國！」我內心惶惶地說。「我要回去泰國！啊——」

當我想到如果要從這裡離開印度，最快也得一星期的時候，眼淚就如汪洋的大海，不斷地溢了下來。我很難過是因為知道我們已經跋山涉水走了千萬里，

要回頭也是很困難的。心中痛恨遇到這種進退兩難的情形，感到無望的我只能傷心地大哭。一邊哭我一邊想起這旅程裡種種辛苦的歷練，愈想愈傷心，最後乾脆嚎啕大聲哭起來。

彼得這時傻了眼，只好一邊呆呆地站在旁邊看著我哭，一邊想著現在該用什麼對策。

過了許久，我心裡的苦好像被這些淚水洗去了不少，哭聲也漸漸變小，然後停止。

彼得這時改用關心的態度，安靜地陪著我。

又過了好一會兒，我的心終於平靜了下來。他才小心翼翼地問：

「現在，肚子餓不餓？會不會想吃一點東西？」

他的溫柔攻勢終於軟化了我那剛硬頑劣的脾氣。

我空空的腦袋這才感覺到肚子也跟著變得空空的，於是我點點頭。

「那，我們來吃一點早餐吧！」他邊笑邊打開了小鐵鍋，遞給我帶來的叉子。

我望著他的溫柔的眼神，對自己剛剛的撒野感到很慚愧，對他也感到抱歉。

低下頭，我對他說：「彼得，我很對不起，剛剛這樣對你！」

「好了！沒關係！我了解這段的旅行對你來說很辛苦。」他一副大人不計小人過的樣子「吃一點東西就會好一點了！」

橘紅的太陽此時已經爬到了我們的頭頂上，暖暖的陽光照進了我們的心底，將原本不快的風暴也漸漸地被那暖陽烘化了不少。

我們帶著裝滿了水果的肚子，在這白色的大廟四處閒逛著，廟的圍牆上，牆壁上和大柱上都刻滿了成千上萬的神，講述著數不清的故事。廟的大廳裡供奉著大鳥神迦魯達(Garuda，神話中的大鵬金翅鳥)和猴子王哈努曼(Hanuman)的像。在此，我們得到了一點清靜和安詳的感覺。

就在我們走出廟門的時候，一群身穿白袍的人，站在不遠處，正在搭起棚子，排著長長的木板凳。我們驚喜的眼光引起了他們的注意，其中一位年輕大學生模樣的男孩，滿臉的歡喜，向我們走來。

「親愛的朋友，很高興能和你們在此相遇。」他那盈滿了光彩的神韻，順著他那溫和的聲音，沁入我們的心靈。

我們兩個很誠敬地點著頭。

「我們是從加爾各答來的。」他繼續說。

「是嗎?」彼得和我同時說。我們很訝異有人會從十萬八千里外的大城市來這個鳥不生蛋的地方。

「是的!我們今天下午就要在這裡搭起棚子，我們是來這裡聚會，並一起研究勝王瑜珈(Raja Yoga)的教義。我們都是學習精神生活的學生，我們很高興靈性的導師給我們這個緣份來到這裡。」他說。

望著他眼神中的感激，我也像跟著到了另一個國度似地。國度裡充滿了和平和愛心，再也沒有空隙放入其它的東西。

此時的空氣裡散發著新鮮的活力，早先的糞氣和所有的不快，不知在何時早已被蒸發得不見蹤影。

我們兩個就這樣無憂無慮的，和他們在這沒有時間束縛的時空裡，渡過了一個平和的下午。我們聽他們講著人生的意義，精神生活如何是生命的中心。聽他們講這些，即使整夜都沒有睡的我，一點睡意也沒有了。我知道和這些美妙的人間仙子相遇，是上帝的賜與，我願意全心全意地收下這寶貴的禮物。我打開了心靈，和這些靈性道路上同伴們在地球的這塊大地上，自由寧靜地交流著。我們之間沒有約束也沒有承諾，因為我們知道我們心靈的交流就是一切。

直到夕陽西下，我們才依依不捨地互道祝福和別離。在心靈深處，我很清楚地感覺到這次別離正是預約下次見面的開端，於是我的心裡充滿了歡欣和感激，感激著這些生命中靈性的友人能在此時此地和我們相遇，而這次的相遇也讓我了解到，我如果沒有吃盡苦，是無法在此和他們相聚。我同時悟到，原來還有更多的友人在這地球的四處等著我和彼得去和他們相聚，我們在印度似乎有許多的靈性上的友人還沒有見到，因此我必須排除萬難去和他們相會。這是我們上輩子的約定。所以我不能回頭！為了那約定，我必須繼續走下去！這些友人們不會讓我失望的，他們會在我的靈性道路上，給予我無限的幫助，我要做的只是赴約，所以艱苦的路程和此相比之下，已不算什麼。微風輕吹過來，裡面好像帶來了他們對我的私語，他們說「要鼓起勇氣，繼續走下去！」

第四章 原始的美麗

白巴地故妲(*Boipariguda*)

白巴地故妲是靠近我們要去的那原始大自然的第一站。公車到站時，我們踩過了無數的光腳丫子，擠了半天才下了公車。當我們正在擠的時候，我的胸部感覺到被人抓了一把，驚嚇的我猛個回頭，看見一個矮矮瘦瘦的印度男子，拼了命地往人堆後面擠，很明顯，就是這個混蛋，我想也不想地就高高舉起握緊的拳頭，狠狠地往他的背上搥下去。他頭回也不敢回地擠進了人堆裡。全車的男人這時都震驚地望著我。理直氣壯的我氣得嘰哩呱啦地亂罵了一陣之後才下了車。這時我猛然發現，原來我已經不再當神話中有禮貌的女孩了。

公車在森林管理局門口拋下了我們和飛揚的黃土而去，管理員不在。此時的夕陽照著土路旁的幾個山地婦人，美麗的婦人們有著黑亮的皮膚，健美的身材。她們有的蹲著有的坐著，鼻上配戴著金黃色的大鼻飾，隨著她們的舉止談笑閃亮著光澤。此時的黃昏景象被她們的光彩照得更燦爛。我則像被磁鐵吸著似地走向她們。她們的面前擺著四、五個一堆的番茄、茄子、地瓜、洋芋、和甘蔗，這一堆堆的蔬果好似在向我招手般地唱著「買呀！買呀！買我們回去吃

吧！」。於是我就流著口水，用眼神和婦人們交談著，婦人們伶俐地用手一比，告訴我每堆一塊錢。就在這時候，奇異的事情發生了，我的下意識突然變得特別地清晰，讓我感覺到和這些婦人的相聚是命運中早已安排的，而現在終於相聚在一起，我們的心靈在斜陽下的黃土上無聲卻興奮地慶祝著。此時的時空已拉長到無限，每個人的動作舉止和每一個細微的表情，以及我自己的所有思想、表情和動作都在我下意識的注視下清楚又緩慢地進行著。我望著婦人們那深邃得一望無際的眼眸，了解到這些純淨的精靈們正在為我的靈魂做一次洗禮，我的心此時對她們充滿了感激。我手中的布袋裡裝滿了婦人們的菜，心裡雖然千萬個不捨，卻是如同在夢境中一般知道得和她們道別。然而，我知道自己唯一能做的就是將這些美麗的精靈深深地放在自己的心裡，如此，我和她們的心靈便永遠也不會分離。

身後的彼得看到我的布袋裡塞滿了菜，只能露出無奈地笑容，他不用開口，我也知道他想要說什麼，但是他還是忍不住說了：

「我們連晚上住的地方都還不知到在哪兒，妳卻買了一大堆菜？！」

「我們會需要的。」我說，「好久沒有自己煮飯了，你看這些地瓜，很好吃的樣子，明天早上我們可以煮地瓜粥來吃！」

我愈說愈興奮，彼得也被我哄得愈來愈樂，也就不再多說。

「來，要不要先吃一根甘蔗？」我一邊說一邊遞給他一根半個人高的甘蔗，這裡的人吃甘蔗是不削皮的，他們都用牙齒將皮撕開，然後大口咬下蔗心，再用力咀嚼出原始的甜味。我們兩個也跟著用這種粗獷的吃法，那撕皮的的豪爽感和著甜味一起下肚，讓我直在心中喊爽快！於是我們兩個就坐在森林管理局的門口，邊啃甘蔗邊等管理員回到他的辦公室。

就在我們甘蔗吃完的時候，森林管理員也剛好回來了。一切都如溪河流到大海般地自然、順利。彼得向他說明了我們的來意，我們是想在這片原始的地區，按著四個森林管理局排成路線，做一個三星期的旅程，拜訪當地的大自然和原住民。粗矮黝黑的管理員在聽說我們是經由他們的森林管理長介紹而來得時候，嘴角便咧出了笑意。

「這附近有一間食堂，兩個雜貨店，一個茶店和一個森林管理局的辦公室。

人們大都住在村外，一些還住在森林裡，一些住在森林管理局的招待所附近。來，我帶你們去招待所。」他一邊說一邊坐上了他的黑頭摩托車。我和彼得背穩了包袱和剛買的菜，擠上他的摩托車。

當太陽還剩下一條紅絲的時候，我們兩個已經和管理員一起坐在招待所的大庭院裡，望著一望無際的芒果樹林。一顆顆飽滿圓滾的芒果藏滿了芒果香，我們兩個愛上了這個地方。

山坡下的小湖此時綠得發亮。三十歲左右的森林管理員瞪大了黑亮的眼睛對我們說「每到傍晚，森林裡的大熊媽媽總是會帶著小熊沿著湖邊走出來，早上又再順著湖邊走回森林，你們要是留神一點，一定會看到的。」自從聽他這麼說後，每到傍晚，我就伸長了脖子，直往湖邊找大熊和小熊的身影。

清晨，如鏡子一樣的湖面上浮著一片透明的薄霧。驀然，我驚呆了，湖邊不知從哪來了一群嬌美的黑姑娘。她們在蓮花和蓮葉之間的大石頭上洗著鮮艷的花衣布，一聲聲溼布條打在石頭上的聲音像是在為姑娘們的嬉笑聲打著拍子，形成了早晨最美的樂曲，我的心底此時冒出了一絲絲的溫情。新鮮的空氣帶著早晨的恬逸隨著我的呼吸而穿透到心窩裡，此時，我全身的細胞個個像是充滿了清晨的露水。我忽然若有所悟，原來，此時我們的身心已經衝出「所謂文明」的束縛，和大自然結合成一體了。

冬天的早晨，好涼，招待所的守衛老人送來了兩大盆燒得熱滾滾的洗澡水。這裡的水都得從深井裡打來，火得用柴火慢慢生起，為了照顧我們，他一定很早就得起身，這意外的禮遇，實在另我過意不去。昨晚他也花了大把的時間，非得將我所弄髒亂的碗盆洗得亮得發光，才肯離去。他所做的這些不是衝著我們的房租，因為我們的房租一天才十塊盧比。當然也不是因為我們的身份，我們兩個教書匠，一雙夾腳鞋，一件無袖衫，沒有什麼大頭銜。懷著赤子之心的他，只想和我們這兩個外地人分享一下他們所屬的這塊淨土。我對他的感激永遠也無法和他對我們的誠心相比。

我們在肚子填飽了我承諾的地瓜粥後，滿足地走下小山坡，沿著湖畔，數著粉紅色的荷花，走入了森林。森林裡很好走，因為只有一條路。

「一條蛇！小心！」彼得小聲驚呼。

我仔細朝著他手指的方向看去，果真一條黃土色的小蛇緩慢地在我們腳邊的

枯樹枝間緩緩地滑動，不時發出沙沙的聲響。我彷彿能感覺到牠的呼吸起伏，而靈敏的牠則似乎嗅到了我們的存在，並且知道我們對牠並沒有什麼企圖心。黃土的小徑上只有我們三個走過的足跡，我默默地和小蛇互相問候，心裡萌生出一種激昂的情懷；在無限廣大的蒼穹之下，我們能在此時此地分享這條乾淨的黃土小路，是否也是種上蒼安排的緣分呢？我暗自祝福著小蛇，祝牠長命百歲，也許能夠修成一隻蛇精。因為這個安寧的樹林是很適合修練的！

我們兩個漸漸走進森林深處，陽光投射過翠綠的樹葉，將林子裡映照著點點斑斑的光彩。遠遠地，小徑上走來一位黝黑亮麗的青年人，他強健的肩上扛著兩大擔剛在林子裡揀的柴，光赤的雙腳像是早和大地合成一體似地，穩穩地走著。他在經過了我們身旁時，向我們遞了個泛著微笑的眼神，表示歡迎我們去他的村落。這裡的每個村落的語言、習俗、衣著和屋子的建築構造都不一樣。這個庫打族的土製房子，都是成圓形的，屋頂用厚厚的乾毛草堆疊得像一簇一簇的頭髮。村里的孩子們在稻田裡邊採稻子邊嬉戲，在這裡，天、地就是他們淳樸的遊樂場，在遊玩的當下他們也正增長著屬於宇宙的智慧。可不是嗎，在這裡，他們可以從天上的星斗和地下的泥土中得到消息，從風裡、雲裡和花草中學習到知識。這些原本就是屬於人們的智慧，是可憐的都市人們觸摸不及的，看似什麼都沒有的這裡，不才真的是人間的天堂？

小徑的前方，某個圓形土屋前蹲坐著一群安逸的男女老少，微風從他們那裡吹來了竹管吹奏的音樂，那樂聲脱盡塵埃，輕快的音符竟像為林子裡注入了無數的精靈，精靈們踮著他們輕盈的小腳，敏捷地隨著音符在蔥綠的葉梢上跳著舞步，頃刻間，林子裡充滿了靈性，那股靈性亦隨著我的呼吸，注入我的靈魂，讓我的靈魂和整個宇宙融會在一起。土屋前一位年紀較長的男人臉頰上刻著森林歲月贈與的優美紋痕，一雙清澈如水的眼睛散發著智慧的光彩，有了精靈的指引，我們不需要言語介紹就已經明白他是這個族的老族長。他對我們兩個露出了燦爛的笑容，我們不由自己地走到他的身前。他伸出手掌，多紋的掌心中，靜躺著一隻小巧精細的小竹筒，竹筒的一端接著一條細細的棉線，原來就是它喚醒了森林裡的精靈。老人將竹筒另一端的竹片放在唇邊。吱呀著的竹筒發出了活潑的節奏，如此人間少有的音律，好似夜鶯在向夕陽獻上讚曲，我的內心不住地驚嘆，生命原來可以這麼簡單又這麼美麗！

我的心中滿溢著歡喜，不斷地向老族長和族人們揮手，並努力地將他們的靈魂牢牢地記在心底。我們兩個順著小徑走出了森林，走回一段灑滿著夕陽的大道，走進了較文明的庫打村莊。我想大概是不願意住在森林裡的庫打族人便住在莊裡吧。男人們正結束田裡一天的工作，有的正在收拾起鋤頭，有些則收集著曬好了的稻穗，有的正趕著牛回家。婦女們三、五成群，一邊閒聊、一邊打掃著庭院裡的落葉、灑水浸溼週遭被陽光曬了一天的乾土地。一家家的炊煙漸漸地升起。

我們經過一個竹籬，站在竹籬裡的年輕庫打族婦人，將一頭黑髮梳得光溜，並在腦後紮了一個髻。她合著雙手帶著微笑，對我們做了一個真誠的揖。我們兩個也愉快地以同樣的手勢回應她。她招手邀請我們進到她身後的土屋裡坐坐，那土屋的外牆上有一個用白粉筆畫得歪斜的大十字。

我們進入了屋內，便發現陰暗的屋裡，沒有什麼傢具，但一塵不染，顯得空曠、乾淨。婦人指著屋頭的牆，我們順著她的手指的方向看去，驀地，我驚呆了，牆上有一張大大的耶穌的紙像，她指著紙像並誠心熟練地在胸前劃著十字，我們兩個雖然不是教徒，但在她這種虔誠的感染下，也情不自禁地跟著在胸前胡劃了一陣。

「原來這是一個教堂！」我的腦子突然轉了過來。

「這一定是以前那些德國的傳教士蓋的。」彼得若有所思地說。

婦人這時已用著興奮顫抖的雙手，捧著一本如百科全書一般厚重的聖經站在我們的身旁。打開了聖經，一篇篇我們看不懂的烏拉亞文展現在眼前。秀麗的婦人嘴角掛滿了笑意，指著聖經，指著耶穌像，做著手勢。我和彼得了解到她在告訴我們她相信遠方來的一位神，在向他們伸出暖暖的手，那手猶如太陽一般地光照這片土地，溫暖著土地上人們的心，也給他們帶來光明，婦人的心裡洋溢著喜悅與感激。我們兩個望著她炯炯發光的雙眸，和她分享那超乎言語的感情。

過了一會兒，婦人又帶著尋問的眼光，做著手勢，問我們要不要吃些什麼？她很不好意思地看看她空空的屋裡。我們做個手勢表示想喝水，婦人不太了解地發出一種疑問的聲音，我握著她的手到院子裡，指著放置在角落的小鐵桶裡的水，又做了手勢。她慧黠的眼睛裡閃出意會的神光，轉身就往屋內跑，過了

一會兒，捧出了一個金色的小鐵盆。快乾死了的我們，看到鐵盆裡的水，激動地一人接一口，不停地喝。涼水的味道甘甜，婦人看我們喝得高興，又連忙跑進屋裡，出來時伸出小手，小手裡居然捧著一把粗砂糖。我可以想像，這大概是她所擁的有最寶貴的東西了。她傳遞著眼神，打著手勢請我們享受糖水，可能她認為糖水總比白水來得豐富。但她卻不知，光是她的涼水就已經深深地感動了我們的心坎。

這時竹籬外頭站著兩個富有生氣的少女，一邊欣賞著我們享受涼水的情景，一邊彼此低頭竊語。而我們兩個也開心地沉浸在她們的天真嬌羞笑容裡。夜幕又將再次降臨，我們不得不起身了，我滿心不捨地握著婦人的手。

「Thank you!」婦人溫柔地道著。

「Thank you, Thank you!」我激動地說。我想對她說一大堆的謝，告訴她，她的心有多美，然而我對她的情何以能用言語表達？我只能將所有要對她說的話語全放在眼睛裡，不住地望著她。我邊向她輕喊「Thank you! Thank you! 」，邊回頭望著她，想網住她那如大地母親一般的溫情。她帶著滿臉的幽甜，揮著手「Bye-bye! Bye-bye!」。她那純淨的笑容是我在所謂「文明社會」的教堂裡從未看過的。我聽到我的內心在說「美麗的女人哪！我相信上天能聽到妳的誠心！」

第二天早晨，我們繫好了包袱，水壺裡裝滿了水，等著今晨唯一經過這條路上的大卡車，希望能搭便車到八公里外的小村，再打那兒坐公車回可拉布拿我的簽證。

卡車聲老遠就傳來了，管理長和守衛早就站在山坡下等著幫我們攔車。大卡車加上一包包的麻袋堆得有一層樓高。粗麻繩緊緊地綁著所有的麻袋，麻袋裡裝滿了黑米，管理長曾經告訴過我們，當地人就以這黑米為主食。黑米煮成了粥，一天喝六次。管理長還說這黑米很有營養，人吃了身體會很強健。麻袋堆上面早已坐滿了年輕和年長的庫打族人，我和彼得向管理長和守衛合著手，致上我們最深的誠敬和感謝，他們倆個也合著手給了我們無限的祝福。

拉著粗麻繩，我們爬上了麻袋堆頂，堆頂上的人們挪開了用具和包袱，給了我們兩個一些位子，我一手抓緊麻繩，一手向管理長和守衛揮著，我心想，這

可不又是一個旅程的開始嗎？

卡車開動了，很快地便像野馬般在道路上奔馳，道路兩旁的樹枝平常高高在上，如今只和我們的頭一般高，並且不斷地向我們刷來。一開始，我坐在高高的米袋上，一顆心緊張得揪了起來。我很害怕萬一手一鬆掉下去就完蛋了。我真搞不懂身旁的彼得和週圍的男女老幼怎麼能夠那麼的逍遙自在。差一點就要驚叫出口的我，硬是憋著氣，一邊試著讓自己鎮定，一邊試著儘快找到這些人不害怕的祕訣——我就快要掉下去了！

「我快掉下去了！」我向彼得大喊。

「別害怕！妳不會的！」彼得一副輕鬆地喊回來。

我急得快哭出來了，難道他們真的要等我掉到地上才知到我不是膽子小，而是真的快被卡車彈出去了！

看來他真的不懂我的處境，這時一切只好靠自己了！我只好忍著愚蠢的淚，狠狠地抓緊麻繩，努力地「想辦法不掉下去！」。過了好久，終於被我學到了訣竅，原來得讓身體配合著卡車的韻律一起顛上顛下，讓身體變成車子的一部份，才不會有被卡車彈出去的危機。我緊張的心情終於在身體穩定下來後慢慢放鬆。這時我才打開了視野，開始享受卡車上的風情。大車仍順著寬敞的大道向前飛馳，滿山滿野的景色在我的眼裡像電影似地一幕幕飛過。兩旁的大榕樹，在平時只能在樹下輕歎它們的高大，此時我們卻在他們的樹葉叢中飛過。蹲在我身旁嬌俏的庫打少女口裡不時地哼著歌，她鼻上的金飾反射著晨光。我和彼得互相遞著敞開的心懷，我愛上了這大卡車上的旅程，希望卡車能夠一直開，永遠也不要停下來！我們一整車的人早已成了卡車的一部份，而卡車亦和這奔放的大自然融合成了一體。

道路的前方駛來了一輛乳白色的英式轎車，那潔白的轎車跟這一片的荒野和粗獷，顯得一點也不調和，我有一個不祥的預感。

卡車漸漸緩下，然後停了下來，轎車停在卡車旁，白色的後車門慢慢地打開來，裡面爬出了一個西裝畢挺，油頭梳得光亮的「印度文明人」，原來他是一個軍官。軍官手裡拿著一個冊子，官僚般地跟卡車司嘀嘀咕咕地邊講邊指著卡車上的麻袋。卡車上的人們一頭霧水地聽了一陣子，然後漸漸地一個個背起包袱，跳下了車。最後剩下摸不著頭緒的我們。別無它法，我滿不情願地跟著跳

下了卡車，背起在此時顯得累贅的背包。車上的人都繼續往前走了，我們本來以為是那印度軍官故意刁難，不准卡車上載人，我還因此給了他一個大白眼。沒想到，卡車居然掉了頭，如風一般地回頭飛走了，難道是這些麻袋有問題？一轉眼，卡車不見了，卡車上的人們也一無蹤跡，一切都發生得太快，讓我感到恍惚，不禁懷疑剛剛在卡車上所發生的一切到底是真實還是夢境？

一會兒功夫，轎車也開走了，挨了我白眼的軍官當然是不會來管我們的。中午的烈日，將頭頂曬得發燙。我和彼得在黃土路上互相乾瞪著眼，我知道抱怨在此時是無濟於事的，唯一能做的便是想辦法，繼續向前走。

「那現在怎麼辦？」我想起來森林管理長告訴過我們那卡車是今天早上唯一經過這裡到小村上的車。

「到村子大概還有五公里左右吧！我們只有用走的了。」彼得邊說邊扛起了他的大背包。

我看看我的背包，想到裡面一半都是書，肩膀便已經酸了，尤其很想丟掉那本厚重的印度教的聖經《薄伽梵歌》(Bhagavad Gita)。我們開始走走，停停，爬爬，停停。

「我們可以休息一下了嗎？」喘不過氣來的我，蹲在樹蔭下，再怎麼也不想站起來了。

「好吧！休息一會兒再走好了」彼得也同意了。

頭頂上的大熱球此時好像要吸乾大地萬物的水分似地。

我們又走了快一公里，身後由遠而近地傳來格噠格噠聲，我們回頭一看，啊！是森林所長！他正騎著黑黑大大的摩托車，身後帶著一個男人往我們兩個的方向慢慢駛來。他那大得關公的眼睛裡充滿著驚訝，瞪著我們兩個。

「什麼？！你們難道沒有交通工具嗎？」他劈頭就問。

「沒有！」我們兩個一起搖頭。

「你們兩個要去哪裡？」他又問。

「我們要去小村，然後從那裡坐公車到可拉布。」彼得說。

「你們要走路去小村？」他的眼睛瞪得更大了「不行哪！好遠喔！這樣吧！我先送村長到村子再騎回來接你們兩個。」他邊說指著坐在身後的男人「前面不遠有一個茶棚，你們到那裡喝杯茶，等我回來。」他又指著前方。

這會兒，真是碰到了個大救星，我們只需要走到近在眼前的茶館。

在寬闊的荒野裡，一間三坪大的草棚，草棚裡用泥土砌了的矮土窯，窯上的兩個坑，便讓此處成了附近住户的茶館。婦人身上繫著紫紅色的薄棉布，布角在肩上打個結，她笑得裂開大嘴，嘴角便快地連到了眼角。婦人一手拿著奶杓，一手拿著茶壺，一邊對著我們開心地笑，一邊熟練地倒了兩半杯紅茶，茶裡加上半杯熱奶，和兩大匙的糖，最後再添上一點卡達夢香料，這就成了印度最聞名的奶茶了。婦人的的兩片大紅唇一直是笑裂開著的。我要了幾顆放在地上鐵盆裡的油炸麵粉球，便和鄰坐的人們一樣，津津有味地享受著奶茶和點心。

突然，門口有一陣騷動，我抬起頭，看見一個嬌小的女孩，她清秀的臉上一副喜色，雙眼中透露著她快速的心跳聲。我順著她的眼神看去，看到的是她手裡拿著的一根粗繩，繩子的另一端拴著一隻…啊！小黑熊！

那小東西猶如一團黑胖的小球，在地上四處嗅著。脖子上的粗麻繩，讓它不舒服地扭來轉去。對這世界充滿新鮮好奇的小可愛，卻是那麼不幸地落到了無知人類的手中，一副可憐巴巴的樣子，讓人憐惜。

我和彼得費了許多的力氣，終於讓他們把小熊脖子上的繩子給解了開來。現在沒有拘束的小傢伙，興沖沖地扭著短短肥肥的小身子，好奇地四處嗅著。茶店裡的人起著鬨，故意被嚇得東躲西藏，尖叫聲不斷，小熊也被這光景搞得不知所措，便更慌忙地嗅著。不一會兒，它嗅到了土窯旁鐵鍋裡的油炸麵球。原本咧著嘴笑的老板娘，也驚慌地丟下了茶壺，想去救那鍋麵球，但又怕那黑茸茸的小可愛，只好大聲地尖叫。一下子，整個茶棚裡變得人飛熊跳，好不熱鬧。這時，我自然感到非常地過意不去，弄成這個樣子，多少跟我們的慫恿有些關係，道義上，我們總得幫忙撫平一下這慌亂的氣氛！

於是我拿起了盤裡的炸麵球，沾了點奶茶哄著小熊，它乖順地像個小玩具熊似地，一搖一擺地到我身旁。但它不喜歡炸麵球，也不想喝奶茶，卻依然急促地四處嗅著，好似在找什麼找不到的東西似的。頓時，我好像知道它在尋找什麼了，也知道了它所要找的東西在這裡是不會有的，這時，我心裡藏著一些黯然。找累了的小熊，爬到泥土砌成的矮坐檯上，依在我和彼得中間，呼呼地休

息著。

「我從來沒想像過，熊小的時候也這麼小，這麼可愛。」我還是因為這小東西而感到興奮。「你想它大概幾歲呀？」

「幾歲？！才三個月左右吧！」彼得說。

「真不知道它是怎麼離開媽媽的。」彼得撫摸著小熊。「通常，熊媽媽都會在小熊的身旁保護小熊，而且很兇，真不知道他們是怎麼抓到它的。」

我們身邊的兩個印度青年會一點英文，於是他們就成了翻譯。

「小熊在田裡，她（指著手拿粗繩小女孩）的哥哥抓到的。」青年人們說。

「沒有媽媽？」我問。

「沒有。」他們說。

現在茶棚裡的人們現在也不再害怕了，兩個說英文的青年也試著學我們，輕撫著小熊。

我早已忘記的摩托車此時回來了，其實現在我真希望它不再回來。坐上了森林長的摩托車，我不捨地回頭再看看小熊那雙黑亮純潔的大眼睛，心中響起原先森林管理員和我們說可以在湖邊看到熊的話語，小熊和媽媽在湖邊是一幅美麗的情景。現在我真的看到了小熊，卻沒有媽媽！想到這裡我心中有些惆悵，我虔誠地對天祈禱，「保佑牠！讓牠回到媽媽的身邊！」。

溝文帕里 (*Govindpali*)

吉普車在黑夜裡如野馬一般地在彎來彎去的山路上奔馳。

「一隻野豹！」森林所長用手指著前方。

「在哪裡？在哪裡？」原本在吉普車後座坐得迷糊的我們突然挺直了背，順著所長手指的方向看去，漆黑的夜裡什麼都看不到。

我們搭著森林所長的便車，開了一整晚，在半夜時分到了這個叫做溝文帕里的村落。森林招待所裡年輕的守衛，換上了制服，張著惺忪的雙眼，在寒冷的深夜裡，在這平常連鳥都不會拜訪的荒野，張羅著這意外的差事，但是他的眼神裡卻找不到一絲怨煩的痕跡。老實憨厚的他先在簡陋的廚房（所謂簡陋，就

是什麼都沒有的意思，別說冰箱、爐灶，連水都是要到院子的井裡打來）裡堆柴，生火，煮水，為我們準備了熱呼呼的奶茶，之後不知他如何變的，又從原本一無所有廚房裡的變出一道道熱騰鮮美的晚餐。他將飯菜小心翼翼地放在我們的桌上，然後就到門口的布簾外一動也不動地站著在那裡等待。我們兩個感到納悶，他在等什麼呢，不會是小費吧？彼得便走去門外問他在等什麼，他很憨厚地說「等洗碗」。我的心此時可是又慚愧又痛楚！我可是以小人之心度君子之腹呢！他的痴憨令我和彼得滿心的疼惜，心想要是他今晚碰到的是一批無賴，那他將會受到多少的欺侮呢？彼得請他趕快去睡覺，明天再來管鍋碗瓢盆的事。然而像是得到意外驚喜的他卻連連向我們說「Thank you! Thank you!」。我的心弦卻被他簡單的話語震動不已。從小就不願意被人侍候的我，早就學到在大地上人人平等，沒有誰應該伺候誰的道理，所以也從沒誠敬地伺候過任何人。然而守衛對我們的誠心是來自他對靈性的真心和信心，全身帶滿稚子之心的他，將靈性的內涵表露得一覽無疑，有一股溫馨隨著他肢體的言語，溫暖著我的心窩裡。他何嘗不是我靈性道路上的一位導師呢？面對這麼一位超脫謙遜的導師，我又能給他什麼呢？當然，絕對不會是物質上的東西。

溝文帕里這地方住著許多不同的部落，每一個部落都有自己的語言和習俗，連打扮和著衣的方式也不一樣。在這兒，庫打族人仍處處可見，然而，我們最希望探訪的是伻達族(Bonda)的人們。

伻達族的人們原都住在伻達山裡，過著原始打獵和採野米的生活，一直到「所謂的文明」的接近，伻達的生活已和別族一樣有了些改變。如今的伻達族分成了三系，一系住在山腰的村子裡，叫做外伻達，外伻達常常下山參加集市的買賣。再往山上去的中伻達聚集成一個村莊，但很少下山，糧食的買賣都是靠著外伻達幫他們做。深山裡藏著內伻達，內伻達不知道森林外的世界，外面的世界也不知道森林裡還剩下多少內伻達。他們仍然以打獵和採野食維生。

星期天是大集市的日子，各族的人們都會到這荒野上的大集市來做買賣，這是一個我們兩個期待已久的日子。一大早，我們兩個便擠進塞滿了人、雞、鳥、羊的公車裡，公車在荒巒的山路上走走停停地過了個把時辰後，來到了三十里外的大集市。我們一下車便被千百種的面顏、千百種的微笑和各式各樣的物品給搞得眼花撩亂。數不清的青菜、水果、魚乾、花布、金飾……等等，都

呈現在眼前。這哪像個荒野？我們兩個頓時如是抵達桃花源似地在原地怔了好一陣子。

伻達的婦女們的美是脫俗的，一頭剃得剩下一公分左右的整齊短髮，顯露出優美的頭顱，額頭上綁著一圈圈的珠子，晶瑩亮麗，脖子上套著一環環的金項圈，將脖子拉得長長的，上身沒有衣布的束縛，只掛著一串串的銀珠，閃閃隱隱地透出窈窕健美的身軀，下身一條手縫的小花短褲，卻顯露出一股帥氣，她們那一身天地蘊育出的美麗令我震驚，怎麼也不願眨眼，我深怕一眨眼的功夫，女人們會從我的眼前消失。從此以後要再看任何女子說她如何刻意的修飾自己，我不會覺得她美麗，只會感到她的膚淺和做作。許多婦女都用腰抱著小娃兒，她們輕巧地扭著腰，一點也不讓人覺得娃兒的笨重，愉快地享受著這一個星期一次的熱鬧。此時，每個人都沐浴在這安祥富裕的美景裡。

突然，我的眼前出現了一幅不可思議的景象，四部閃閃發亮的英式白轎車接連駛來，在集市的對面停下。在這荒郊野外，以腳代步的地方，白轎車是很引人注目的，更何況是一下子四部呢！

十幾個肥胖僵硬的白人，頂著高高的鼻子，和稀疏的金髮從轎車裡緩慢地爬了出來，這群高大兇猛的西方族人，口裡講著我不願意聽懂的英文，身上穿著我早已遺忘，屬於另一個遙遠世界（所謂的文明社會）的西裝和探險裝，頭頂上帶著探險帽，他們每個人的手上都拿著這裡人一輩子也沒見過的大鏡頭和超級大照相機，一副全副武裝，準備狩獵的氣勢，集市裡的村人們就是他們所要獵的對象。此時，我有預感一場噩夢將要來臨。我很想向他們大叫，要他們滾回他們的轎車內，回到屬於他們的地方。但再想想這裡卻也不是我的地盤，好像也沒有權利不讓他們站在這片土地上，更何況他們一定已經花了一大筆錢，此時要他們相信他們應該滾蛋，實在是不可能的事！他們是不會聽懂的！兩種思緒在我心中交戰著。最後，無能的我只能哽著胸口裡的氣，壓抑著滿心不平地看著他們帶來的噩夢！但心想，雖然無法攆他們走，我卻仍然可以做個目擊者，好在將來控訴人們如何摧殘人類的純樸時作見證。

西方族人中一個穿著乾淨探險裝中年的男人，舉著特大的鏡頭，對準了一個

個伻達少女的臉便卡擦卡擦地照起來，少女們原本一張張自然嬌美的臉，被這種奇怪的「禮節」弄得愈來愈不自然了，笑容也漸漸地被他那冰冷的大機器給凍僵了，少女們原來熱情的神態也被搞成了不知所措的尷尬。

他們這群奇怪的種族在集市裡用他們的照相機兇猛地攝獵，如貪婪的獵人蹂躪著原始的森林。臉上滿佈橫紋，走路顯得笨重的白胖女人，伸出浮腫的手爪，抓了一個八、九歲大的小女孩，她一副生怕畜生會咬她一口似地抓著小女孩黑溜圓滑的手膀，露著讓人難以消化的笑臉，嚷著小女孩無法懂的話「How are you! How are you! You say--- How are you!」。小女孩純樸細嫩的小臉露出一排潔白整齊牙齒，天真迷惑地笑著。兩個駝了背的白女人也加入了白胖女人，然後像是找到寶藏似的，拉開了嗓門，尖聲地叫著她們前面兩個頂著大肚皮的男人。

「史坦利！史坦利！」原來她們決定要用這小女孩照一些特寫（當然不用先徵求小女孩的意見）。

這樣騷動了半個多時辰後，白膚人變得精疲力盡，便帶著他們的相機武器，爬回了他們的白轎車裡，然後，呼一聲地飛馳而去，留下一陣飛揚的塵土，而當塵土落回大地時，集市裡已恢復了原先的歡樂和祥和。剛才的事跡，好像只是夢境，一眨眼不見蹤跡。此時的我很高興自己全身上下找不到一點白膚人的基因，至於彼得嘛！他早已經被曬得不是那麼白了！

後來森林所長告訴我們，這些人是坐專機到布巴尼斯瓦，然後再坐專車到這個集市專門來看這裡的當地人。不管他們的目的是什麼，在這半個時辰裡他們將會有許多的照片，但我懷疑他們對這片土地和土地上的人們會有多少的了解和感情？也許他們可以從政府官員們送上的資料中得到尚稱詳盡的資料。但他們怎麼能感受到這遼闊平原的呼吸？怎麼能觸摸到在這片大地上的子民們寬大灑脫的心，又怎麼能和他們那純淨光瑩的靈性相遇？我想到這裡便不免為這群愚人感到可惜，先前對這些人所生的憤怒，此時也添上了憐惜。

我們兩個仍在集市裡閒逛著，不到集市散時，我們是不會想走的。一個賣黑米的小販蹲在堆成小山的黑米前，用翠綠的圓葉包著黑米。正在買黑米的伻達

婦人，一手抱著一個七、八個月大的嬰兒，一手捧著小葉摺成的盒子，耳朵上掛著兩個如臉蛋般大的圓圈耳環，那耳環隨著她的擺動金閃發光，她脖子也被一環環的金項圈拉得俊長優美。而我卻早已沈醉在她那柔媚的情韻和那兩只活躍燦爛的大耳環裡。當婦人的眼神和我的相遇時，她給了我一個很開朗的微笑，我們兩個人開始在心靈中互相傳遞著話語，那屬於女性的關愛在我們之間擴散開來，一剎那間她將我的世界又燃亮起來。我邊笑邊指著她的耳環，用雙手比了一個好大的手勢，然後我們兩個就笑成了一團了。她又指指我的耳朵，給了我一個半帶疑問的微笑。於是，我撥開了紛亂的長髮，露給她看我那連耳洞都沒有的耳朵，我們兩個就再也忍不住地抱在一起大笑不止。我們周圍的人們也像是被這歡樂的氣氛感染了似地一起笑著。早就逛得老遠的彼得，這時回頭看到了我們也跟著笑了起來。這個時候整個大地都笑醉了！頓時，我的心扉為著這原始的歡樂，真正的歡樂，和不為什麼的歡樂感動不已。我滿心地感謝那駐在世界萬物裡的神，感謝這美麗的婦人。在內心深處，我聽到自己的聲音說著「要將這一刻放在心窩裡，讓它持續到永久，永遠也不要忘記！」。我這樣做是有道理的，因為人生的道路有起有落，有好有壞，這種讓人心靈激動的機緣可遇而不可求，如果遇到了一定要好好的珍惜，以便以後遇到困境時可以拿出來安慰自己。

果然孽緣就在下一刻鐘來了，我們還在集市裡逛著，彼得走得比較快，我則東看看西摸摸地拖在後面。就在一個花布攤子前，突然有人撞痛了我的肩膀，一下子還弄不情怎麼回事的我愣了，轉身一看，一個「城裡來的」印度男人正驕傲地晃著他的油頭，邊指著我，邊眨著斜眼，得意地向他的印度女伴講述著他所做的「功績」。有過一次在公車上搥打無聊男子的我，想也不想便反身往那男人大步走去，男人心虛地望著我。我一句話也沒和他多囉嗦，便狠狠地往他的肩膀上搥了兩搥，然後瞪著他，算是給我自己討回了公道，也給了他一個教訓。

那男人先是驚呆錯愕了一下，周圍遞過來了好奇的眼光，這使他覺得很沒面子，於是他眼裡的兇光漸漸露出，但理虧的他又不敢再動手，於是他便開始大聲罵嚷起來。原本我就無法忍受這種輕視女人的男人，剛才發生的事件，再加上他現在的態度更讓我忍無可忍，頓時怒氣直衝地對他吼起來，原本以為被我一吼他會收斂一點，沒想到他卻是變本加厲地凶狠起來。

閒逛到老遠的彼得這時才發現，他身邊的可人兒正在潑辣地和人吵架，嚇得

他連忙跑回來拉我。「算了！算了！他碰了妳，妳也打了他，還吵什麼呢？」彼得說得簡單，他又不是被欺負的一個！但後來我想想他說得也還算蠻有道理，便將心頭上的火氣壓了下來。看看我們周圍已開始聚集了愈來愈多好奇的眼光，我們決定離開集市了。其實我們早已在集市裡來來回回地逛了五、六回了，如果不是這個如鬼魅般的男人掃興，我們可能還會再逛個五、六回吧！

出乎意料之外的是，待我們出了集市後，那男人居然仍不死心，不但跟著我們，竟還擋著我們的去路，一會兒說要找警察，一會兒說要去警察局。我們愈不理會他，他愈是糾纏，大馬路上見到人就拉，然後惡人先告狀地指著我謾罵。我開始後悔慚愧，全身一股晦氣，禁不住地自問那時怎麼會這麼愚蠢，和這樣的一個人一般見識，不但如此，還將彼得也拖下水。但其實我這個人常常如此，也不知道什麼時候才會變得比較有智慧一點。

彼得趁那個男人在和一個路人告狀，沒有注意到我們的時候，拉著我趕緊跑到馬路轉彎處的一個小鐵橋下躲起來。好久好久，我們兩個大氣不敢出一聲，也不敢亂動，深怕被他找到了，那麻煩不知道還有多少。那感覺就好像是鞋子踩到了屎，不管你怎麼盡力地洗，還是洗不掉那難聞的氣味。

過了許久，我們兩個才小心翼翼地走出橋下，四處看了十幾遍，確定那如惡鬼一般的男人真的不在了，才敢上路。雖然彼得並沒有對我生太大的氣，但是我還是滿心內疚地直向他說對不起，他一邊說「沒關係！」、「算了，下次妳就學會了！」，一邊覺得納悶，不解我怎麼會突然變得那麼歉疚，其實他哪知道那一聲聲的對不起正是我用來洗滌愚昧的香皂。我正在用它將心靈一遍又一遍地擦洗。

原野間的大道上讓夕陽晒得金黃，來來往往的男人們在黃土地上踏著淳樸堅穩的步伐，他們肩上扛著扁擔，扁擔的兩端掛著如水缸般的大竹籃。女人們頭上也暇逸地頂著的那麼大的竹籃，她們擺著嬌小健美的身影，給黃土地平添了無盡的生趣。那竹籃裡盛滿了大自然給予的財富，每個人的臉上都閃爍著謙卑柔和的笑靨，在我眼裡，這裡就是人間天堂了，而我已被當前的天堂給迷得忘卻了自己，早先發生的麻煩事也已被掃得一乾而淨。我當下自問，「誰說這世界上再也沒有純樸？」這裡的人們快樂地生活著，因為他們裡面沒有人想找麻煩，他們沒有電話，便沒有打電話、等電話和付電話費的麻煩。沒有時髦，也

就沒有浪費的麻煩。沒有燈，也就沒有夜生活的麻煩。沒有麻煩就容易擁有快樂。這應該就是所謂的知足吧！我頓時悟到，都會裡的人們是無法了解這裡的人們是多麼「富有」的，更無法了解他們的富有卻是來自於「知足」。原來這就是我今天的大收穫！縱然沒有帶照相機的我們，連一張照片都沒有拍到，但是心靈的領域是照相機永遠也照不到的地方！

在太陽溫熱的餘暉下我們兩個帶著滿心的歡喜，走向歸途，我們只知道方向卻不知道怎麼回去。但是我們並不擔心，因為我們好像聽到宇宙的話語，告訴我們早在渾沌之時就已經答應了我們，不論何時何地，祂都會如慈母般地照顧我們，而此時此地，即使要我們兩個睡在這片黃土地上，我們倆也會像嬰兒在母親懷抱中般沉沉睡去。

果然，一部「原野公車」不知從哪裡飛似地駛來，我們兩個趕緊豎起了大拇指，公車司機滿懷愛心地停了下來，我們想也不想便跳上它的車肚裡。它則像是負著使命的武士，飛奔過無數的荒煙蔓草，小溪和山徑，最後將我們平安地護送到我們所住的村寨裡。

伻達山(*Bonda Hills*)，原始的面貌與文明的制約

綿綿不斷的山脈，一波高過一波，最高的那座山頭，在雲端上浮出，看起來似遠又似近。就在那山頭上住著伻達的村落，也是我們倆今天要去的地方。蛇形的山徑環繞著森林，不停地向上爬行。林裡的野猴一群群地在密林中頑皮地唱著大戲，老遠看到有人來，就機警地躲起來，但過一會兒，又忍不住好奇地伸出頭探望個究竟。

樹林裡的小溪順著山谷流下來，奏出潺湲悅耳的聲音。我和彼得漫步過農莊和大片大片早已收成的稻田後，便上了山路，在黃沙和著小石頭的小徑上一彎又一彎地往上爬。腳心愛出汗的我，穿著唯一擁有的夾腳拖鞋，腳掌卻不斷地滑開拖鞋，濕答答的腳沾上黃土，成了一腳的黃泥。我抬頭望著雲霄上的山峰，高遠宏偉的她向我們俯視著，眼底盡藏了溫柔的愛意，招著手說她等著我們到她那富麗的懷裡，和她的孩子們相聚。是的，那山峰便是孕育著伻達人們的母親！

每株青草都散著情，每棵果樹都發著意，我們兩個享受著滿山滿野散發出的情意，爬得忘我，也忘了勞累。直到正午的太陽照下來，吸乾了樹葉上的露水，也蒸光了我的汗水，讓我黏黏的口水卡在喉嚨裡時，我們才想到，早晨裝滿了水的水壺放在宿舍門口忘了帶來！好在布包裡還有兩個如拳頭般大的老椰子，裡面可能有一些椰子水可以喝。於是我們打開一個椰子，想喝椰子汁，一人卻只分到兩口椰汁。我們只好嚼著厚硬的椰子肉，希望可以暫時忘掉一些乾渴。我望著山頂，心想這八公里的上坡路，椰子最好還是省一點吃比較保險。在這之後，密林裡的小溪聲更吸引著又髒又渴的我們。

又爬了許久，口乾舌燥的我們終於忍不住了！我們在密林裡鑽進鑽出地四處找著水，跟著耳朵走著！

「找到了！找到了！哇！好美！」彼得像發現寶藏似地高興叫著。

清涼透徹的溪流滾著白色的水花，順著石間流下來，洗淨了我一雙髒兮兮的手腳和一張黃土臉。我潑溼了上衣，沾溼了乾熱的嘴唇，又和彼得笑鬧地打了一場水仗，才真正地涼爽起來。為了能在太陽下山前到達山峰的我們，不得不拋下溪水的清涼，回到黃土路上。酷熱的太陽一點也不留情地繼續照著，天上半片雲也沒有，路上半個人影也沒有。我們繼續地往上爬、爬、爬，我開始有一種蝸牛漫步的感覺。滿山的野猴仍然成群結隊地邊玩耍邊覓食，一但發現了我們兩個「人」，就找個樹叢或到大石頭後面躲起來，整個林子裡不時發出窸窸窣窣的聲音。

又過了一會兒，林裡還發出另一種好像釘木頭的「嘟、嘟、嘟」聲。

「你聽！那是什麼聲音呀？」我問。我們兩個傾聽著。

「啊！是啄木鳥！」彼得說時，目光裡閃亮著一種記憶。

「什麼？！啄木鳥？這是我第一次看到一隻自由自在的啄木鳥！」我驚喜地說。

又一陣「嘟、嘟、嘟」聲從我們身旁飛傳過來。

「哇！妳看！」彼得邊小聲地附在我耳朵旁，邊用手指著眼前的一棵高樹。我隨他手指的方向望去。

「哇！天哪！」我心裡輕聲叫著，深怕驚擾了它。一隻兩個拳頭大，嘴尖尖長長的小東西，正緊緊地抓著粗大的樹幹，它頭頂咖啡色的羽冠快樂地豎起，

尖長的黃嘴往樹幹猛釘一陣，釘出了一個小洞，我這才發現許多樹幹上都有著一排排的小洞。在都市裡長大的我，在記憶裡面的啄木鳥影像是非常有限的。

「哇！到處都有洞！我從來沒有看過活生生的啄木鳥，只記得小時候玩過一根塑膠棍，棍子上套著一個小木頭做的啄木鳥，隨著手一會兒正著拿，一會兒倒著拿，啄木鳥就順著塑膠棍上上下下地啄來啄去的。」一口氣我說出了我和啄木鳥相關的童年記憶。

「在加拿大，有很多的早晨我家四週的大樹都會傳來『嘟、嘟、嘟』的聲音。」彼得回憶地說。他的綠色的童年和我在都市裡的童年生活和相比，一個是天堂一個是地獄。

我們兩個一路享受著山野的洗禮，聽著蟲聲、鳥聲、風聲和水聲，密林裡的奇花古樹散發出沁人心脾的清香，樹林裡的猴群們害羞地躲在隱密處伴隨著我們。這滿山滿谷全是大自然的寶藏，只待有心人的享用。我們順著蜿蜒的小徑慢慢地向上爬，一個彎又一個彎地轉著。在轉過一個彎後，霍然看到前頭轉角處有一塊大岩石，岩石上用紅漆寫著幾個潦草的英文字，字下面用黑漆畫一個特大的死人頭顱，頭顱下畫一個大叉叉，像是毒藥罐的標誌，這岩石上的圖和這滿山的寧靜一點也不搭配，給我一種渾身極不舒服的感覺。

「那上面的紅字寫的是什麼？你看不看得到？」我問眼睛較好的彼得。

「看不到！我們再走近一點看看！」他也一腦子的迷惑。

我們稍微走近了一點，便看清楚了或許不該看清楚的字語。

「小心！伻達山！部落區！危險！」

「太過分了！這一定是文明的印度政府幹的好事！」我的氣焰又像正午的一把野火般燃燒了起來，我的腸胃也像被人打了幾個結似地痛起來。「伻達是我所見過最善良的人類了！」我的心如滴血似地問著，「文明的人啊！在心靈被大肆污染後的你，為什麼總是像染布似地繼續擴大沾染其它純淨的心靈和淨土呢？」

「算了！反正我們快到了！你難道不高興嗎？」彼得試著安慰我。

想到伻達村就在前面不遠，我便將心頭的火焰按捺住了少許。眼前就是第一個山坡頂了。餓得發慌的我們還是想等到了最高的山頂再吃帶來的野餐。忽然，坡上傳來了車子聲，不知天高地厚的我們，早已養成了搭便

車的習慣，於是我們興奮地等待著。一部吉普車拖著一尾飛揚的黃沙，東顛西簸地疾駛下來，然後在我們兩個的身旁猛然地停下來。我們兩個往車裡頭探看，一個乾瘦的「印度文明人」，穿著西裝（還好沒打領帶），頂著一個可能梳上了半罐子油的頭，腿上放著一個厚厚的公文包，想必是什麼官吧！

「你們在這裡幹什麼？」他動著八字鬍，瞪著大大的斜眼，語氣裡沒有透露出一絲友善的情意。

「你好，我們是來拜訪伻達山的。」彼得誠懇地對他說。

「你們有許可證嗎？」他的一對斜眼中帶著寒氣。

這下我終於明白和這個人碰面可不是什麼好的緣份。

「我們是經過可拉布地區的森林管理局長許可的，事實上是他提議我們來拜訪伻達山的。」彼得雖然也察覺到了他的不友善，但還是保持著禮貌，向他解釋著，他這一點耶穌精神是我怎麼也做不來的。

「森林管理局長算個什麼東西！這裡是我的地盤，你們沒有許可證，就不可以繼續走！」我不敢相信自己的耳朵，這些無情無理的話從他的嘴裡一個一個清晰地蹦出來。野火又燒過了我的頭頂，我想起了先前看到的骷髏頭標誌，現在終於知道了那標誌和誰有著關係。

「我們爬了十幾公里，難道你就要我們這樣轉身走回去？！」我打從心裡認定了這個人是不值得以禮相對的。

「對不起，這就是政策，我也沒有辦法！」他一邊說一邊露出得意的眼神，誰都看得出來他的心裡正在幸災樂禍。「而且這裡很危險，如果你們被伻達人射死了，我還得負責任呢！」他一邊從口裡繞出這些無聊的話，一邊晃著他那個打死了賣油的頭。他身旁的肥胖司機也無頭無腦地跟著他一起搖晃著頭。

「什麼政府政策？完全是你！」我第一次有這種無法對抗惡勢力的感覺，於是我乾脆什麼都豁出去了，乾脆把所有的氣都對他發出來。

斜眼有點失面子，但還是不捨地遮掩說，「政策就是政策，我想你們的國家和全世界的國家都是這樣。」

「喔！不！你怎麼知道？而且你們的政策不清不楚，從布巴尼斯瓦的研究中心開始到警察局、森林管理局都說不需要許可證，只有你說一定要！」我對他的斜眼已經忍無可忍。

「他們和這裡沒有關係。」他心一橫地說。

「那麼，怎麼樣才可以辦許可證呢？」彼得問。我是永遠也無法了解他怎麼能面對這種政府中的人渣還這麼鎮定。

「去布巴尼斯瓦！」那人冷冷地說。

天哪！還得到幾萬里外的地方再回來，我想，他根本就是在故意刁難。

「你們絕不可以再讓我看到。」他斬釘斷鐵地說。「下午四點以前你們必須到山下。」他丟下這些話後，看也不再看我們兩個一眼，爬進吉普車，然後便嗚地一聲開走了，留下的是滿天的黃土灰和頹喪的我們。

過了一會兒，彼得說「哇啦！還好！往另一個方向看，我們還有山野可以陪我們吃個午餐，也是不錯的。我們找一個樹蔭，好好地享受一頓吧？」他的樂觀常常令我無法理解，也無法認同。

我們向前走了沒幾步，一個伻達婦人從草叢裡蹦出來。

「我想我們剛才也許應該學她躲起來。」我懊惱地說。

「那時我想到了，可是沒有地方躲，一邊是山壁，另一邊是山谷。」彼得無奈地說。

「我那時可沒這樣想，還很高興，以為可以搭回頭便車呢！」我很後悔會有那種妄想。

伻達婦人笑開了厚潤的紅唇，張著率真的雙眼望著我們。她向我們要了一根乾葉捲成的印度濃煙，然後邊抽著煙邊打著手勢，請我們去山頂的村莊。聽話的我們只能懷著滿心的感激，打著手勢表示我們得回山下（現在很後悔那時沒有什麼都放下地和她一起去村莊，我相信那裡將會帶入我們進入另一個夢境，但一切也只能往因緣上看，那時沒有緣分，就什麼也別怪了！）。婦人合著手掌，我們也合著手掌，互相彎著腰點著頭，道謝道別。這一切都在安靜中進行。

我望著婦人輕柔的快步，漆黑的皮膚，銀閃閃的項鍊和鮮豔的碎花小短褲，再望著層層的山峰和草坡上的牛羊。感到了整個高山上的寧靜中含有豪放的氣息。

在山坡轉角的大樹下，我們鋪開了萬用的沙龍布（這布可用來當裙子、床

單、被單、浴巾、摺起來當枕頭、包袱、包頭……。）來坐，從萬用小鐵罐（鐵罐可用來當藥罐、鐵碗、鐵杯、野餐盒……。）裡拿出了我們的野餐：番茄、小黃瓜和剩下一半的椰子肉，便盡情地吃。突然，我們的眼前佇立著一個青年，高俊的他穿著丁字形的褲子，全身黑亮亮的肌膚反射著正午的太陽。我和彼得好驚喜，有好一陣子我們三個人在祥寧的空氣中互相傳遞著一顆摯愛的心，在這個時間和空間裡，除了愛和信任，其它的雜念都不存在了。粗獷中帶著爽朗的青年，好奇裡帶著羞澀，溫文地走到我們的身旁，他的左手上拿著一個如手臂長的竹弓箭，細緻的弓臂令人忍不住想摸。彼得向大男孩微笑地做了些手勢，問他是否能看看他的弓箭。男孩的眼神裡稍微露了點猶豫，但再看看我們兩個誠摯眼神，和輕鬆的笑容，他又展開了笑顏，露出信任的光彩，並將竹弓箭遞給了彼得。

接過了弓，我便忍不住地直摸，細細的竹枝彎成了一個弓，弓的兩端綁著絲線。大男孩從他背上的竹筒裡抽出竹箭給我們看。半個手臂長的竹箭在尖尖的箭頭上塗著紅色的粉末。大男孩打著手勢解釋道：這紅粉是讓被射的動物昏睡而不感到痛苦。這點意想不到的溫柔深深地令我感動。

男孩向我們道別後便瀟灑地唱起山歌，頭也不回地大步往山裡走去。我們很確定大男孩一點也不了解外國人的意思，在他的眼中我們兩個只是來自他所不知的另一族的族人。這種被認同的感覺已經超越了人與人的溝通，而是靈與靈的交流。

彼得捲起了沙龍布，我們千百個不情願地準備離開這個還未被「所謂的文明」污染的淨土時，卻聽到離我們不遠的草叢裡傳來一陣陣女人們嬉笑和講話的聲音，這聲音伴著草叢的窸窣聲，成了大自然所釋放的歌曲。我輕跑過去，慢慢地撥開草叢。發現四個伻達族的阿媽，阿媽們臉上的皺紋刻著她們走過的歲月，但她們矯健的身材卻一如年輕姑娘。原來她們正在採野黑米，乾草上的黃花裡藏飽了黑米。第一個阿媽敏捷地將一把乾草抖出了一地的黑米，第二個阿媽將米掃入竹畚箕裡，第三個阿媽將畚箕裡的米倒到竹籃裡，第四個阿媽用竹籃篩出一粒粒黑亮飽滿的米粒。四個阿媽慈愛地和我們兩個以眼傳神地談了一陣子，便繼續她們的採收。我們兩個在草叢中如阿媽們的孫兒似地，看著她們工作，一點也提不起離開的意願。一直到太陽斜到快過山頂了，我們才面對如果再不走的危機。知道我們得下山的阿媽們，停下了工作，笑著和我們點頭，

眼神裡給了我們下山的祝福。

懷著仟達們祝福的我們踏著輕快的腳步，走著仟達人踩了幾千年的山路下山。迎面走上來一個仟達男子，他的頭上頂著一個非常刺眼的藍色塑膠籃，打我們的身邊低頭經過。我望著那屬於「所謂文明社會」的次級品心裡微痛著，卻又暗歎那「文明社會」的厲害；製造了一個看不出文化的產品，打著文明的口號，企圖剷除地球每個角落的自然文化。只怕十年後的仟達人，只能在手工藝品店裡買到他們的大竹籃了。

如同以前的人們一樣純樸知足的仟達人，是否已和許多年前的我們一樣，正在走著「所謂文明」的不歸路呢？塑膠籃不容易掉色，因為不知是用什麼特別的質料，在山裡從沒看過，所以很新奇。而且又不浪費時間編製，只要有「錢」就可以「買」到。如此，我們都一起上了「所謂文明」的當。

思索伴隨著我的腳步，順著流水聲，我們到了山下。下山總是比上山快得多。傍晚的斜陽在稻田上撒了一片金黃。冬天的稻田是乾黃的，田地上紮著幾個矮篷，縫了又縫的破篷裡一家人們正聚在小石頭堆成的火爐周圍，煮著一鍋晚飯，炊煙從篷頂的破洞升出，緩緩地飄向我們，告訴我們是該吃晚飯的時候了。一群小娃頭帶著滿身滿臉的黃土，在田野上滿佈煙霧的圖畫裡無拘無束地玩耍著。

炊煙的香味，刺激著我們的腸胃。一踩進平地的村子，我們倆便直往村裡唯一的一家茶館裡衝，向額頭上點著紅砂的胖婦人叫了兩杯奶茶和一盤油炸麵粿抵著空胃。沒一會功夫，茶館的門口已經站滿了印度人，而且全都是男人。這一群人直往我們兩個外星人身上打量，兩個膽子比較大的，也可能是身上有喝茶錢的，擠過人群進來，喳呼地叫了兩杯茶，坐下來後眼睛就不懷好意地往「我」們身上直盯。唉！這時我真後悔沒有一輩子留在伻達山上。

一整天都浸在伻達的智慧和大愛裡的我，對著這群如看大猩猩般痴傻的眼神，一時無法適應過來。好不容易往口裡塞完了麵粿，灌進了奶茶，我們就趕緊付錢，擠出茶店。但不巧的是，在茶店門口卻又碰到了山上的那部老吉普車。依然是那個油頭瘦黃的臉，這回他的臉上露出了不和諧的笑容說「所以，

你們下山了，不錯！這真的是政府的規定，我也沒有辦法！」

彼得正經八百地問他，「可以告訴我們你的名字嗎？」那人依然斜著眼，壓抑著心裡的不安，表現出一副傲慢的嘴臉，他指著手上一個厚厚的包裹上面所寫的黑字說「這就是我的名字。」我望著那塞滿公文的包裹，猜想那裡面可能有著他不少的煩惱吧！

吉普車周圍早已擠滿了愛看熱鬧的傻兮兮的人群。彼得看著包裹上的黑字，故意慢吞吞地唸著「趴拉馬……孤打……麻先生？」，斜眼一副氣急敗壞的樣子說「不！芭啦嗲古打麻先生。」又不屑地問，「你為什麼要知道我的名字？」

彼得輕鬆地回答「我們可以向你的上司報告您所給我們的款待。」斜眼這次顯露出了一點緊張，但又很快地用一副無所謂的表情覆蓋。

「你們要去哪裡？」他僵硬地說。

「溝文帕里。」彼得還是有禮貌地回答。「我們住在森林招待所。」

「溝文帕里！你們要怎麼回去？早就沒有去那裡的車子了，而且我也不可能送你們去！」他一副貓哭耗子的樣子。

這會兒，我實在忍不住了，我抱了一顆大不了睡路邊的決心，拉著彼得的手對著斜眼大聲地說：「我們不需要你的關心，也不想和你繼續說話，你可以把車子開走了，我們可以『走』到溝文帕里！」

斜眼的眼睛不但瞪得更斜，而且快要掉出來了。不等他開口，我就轉身往溝文帕里的大道走去，彼得先是愣了一會兒，等他回了神，便馬上跟了上來，他帶著一副不可思議的眼神看著我，他大概不敢相信我居然會這麼簡單就不和人繼續吵架吧！我呢，這會兒才體會到「退一步海闊天空」的「海」和「天」原來真的是那麼的「闊」和「空」！這也才明白，原來有時後放開才是真的勝利！我們兩個互遞了會心的微笑，然後他的大手牽著我的小手，兩個人大步地朝未知邁去，身後只留下那群無知的觀眾、一個鬱鬱不樂的人和牌照掉了一邊的老吉普車。頓時，我們倆感到身心異常的開闊和舒暢。

天漸漸地暗了下來，大道上沒有路燈，但是快圓的月亮比路燈還亮。微風彈著葉音，拂過了我的全身，撫靜了我的心。許久，我們倆浸在溫柔的月光裡和

整個大地一起呼吸。已經不在乎在何時、到哪裡的我，擺脫了物質煩惱的束縛，頓時，居然感到身心與宇宙一體，家就在宇宙裡，我這才悟到，原來在什麼都願意放下的時候，時、空可以如此這般的貫穿心靈，這種感覺勝過了物質世界裡的任何東西。

可惜，這段超現實的時光沒能維持太久，便被遠處傳來一部車子聲打破了。我們轉身看去，只見車燈刺眼地照來，沒錯，一部吉普車正飛似地往我們這個方向駛來。

「是不是剛才那人的吉普車？」近視的我問彼得。

「好像不是。」遠視的他答道。「這部車比較新，牌照也沒有一邊斜掉下來。」好個觀察力，我怎麼沒想到？

吉普車快速地經過我們的身邊，我們猶豫地伸出了大拇指，這回心中沒敢抱太大的希望。吉普車卻猛然地在我們的前頭緊急煞住，彼得和我不太敢相信，互望了一眼後，便興奮地跑向那正在倒退的吉普車。車裡坐著一個穿著森林管理局制服的印度男人和他的司機，那臉面圓厚的管理員滿臉親切，什麼也沒問我們，便地笑著說：「請上車來吧！」

「我們要去溝文帕里。」彼得溫文地問「順路嗎？」

「當然，不順路也得順路，現在已經沒有車了，你們原本打算走路回去嗎？！很遠的！四公里。」管理員關懷地說。

「是的，非常謝謝你們讓我們搭便車。」彼得感謝地說。

「沒什麼，你們外地人，打老遠的地方來，我們是應該照顧你們的，即使不順路，也是要送你們到的。」他的話語如暖爐般地烘暖了我的心。和早先那牌照掉了一邊的老吉普車主人相較下，他給了我們天差地別的待遇。但在這塊土地上待上了一陣子的人都會發現，這種際遇好像是上天特意的安排！讓人懷疑祂是在試試我們對祂到底有沒有信心。懵懂無知的我卻常常毛躁，對祂的安排一點也沒信心，而且表露無疑，常常後悔也來不及！

上帝派的大好人不但帶我們回到我們所住的村子裡，還一直送我們到住宿的大門前，「夜深了！你們早些休息吧！」他溫柔得像我們的兄弟，然後咻地隨車飛奔而去，給我們留下的卻是無限的情義。

當光明消逝無蹤

這是一個艷陽高照的日子，太陽從一昇上來後就開始向我們發下馬威似的，愈燒愈烈，早晨的留下來的露水和空氣中的水分已被蒸發乾了，週遭的生物好似也都在陰暗的角落躲著它。

「海倫，要不要出去走一走？」彼得問我。

「好啊！」我隨口說。

晚起的我們是不會甘心呆坐在屋裡躲太陽的。我們向熱心的老管理員借他的腳踏車，原本就是濃眉大眼的他，眼睛瞪得更大了：

「這個時候？」

「沒錯！」我們兩個毫無猶豫地說。

老管理員慢吞吞地推出了老舊的腳踏車，彼得上了前座，我則爬上了後座，彼得便賣力地騎到熾熱的大道上。

騎了老遠，我們才發現，在這個與世人隔絕的荒路上，四周沒有古人種的大樹，沒有小橋，沒有人家，也沒有流水，遠處也沒有高山，沒有草原。只有被太陽吸乾了水分的野草枯黃黃地垂喪著頭。彼得騎呀騎，騎呀騎，騎了半天還是這樣的景象。頭頂上的太陽愈演愈烈，無風，無雲，無鳥聲，無蟲聲，天地似乎成了啞子。

「好熱！」被晒得又熱又躁的我終於沉不住氣了。

「前面有一塊大岩石，也許我們可以在那裡休息一下！」彼得一邊賣力的騎一邊想辦法安慰著我。

「還有多遠？」我張大了眼，直往前方找他說的大岩石。

「快到了，就在前面！」他繼續賣力地騎。

終於，我們在路邊的一塊赤裸裸的大石頭旁停下來，整片藍天沒有一絲白雲，正午的艷陽讓我們無法從光禿的石頭得到任何一點陰涼，但坐在它旁邊也算是得到了一些安撫。誰說旅行每天就一定是滿山滿谷的鮮花艷果呢？真實的旅行不就是人生一樣，有起有伏嗎？這樣一個什麼都沒有的日子，也應算是平

常，應以平常心來看待。

於是我們兩個像是頂著一頭的焰火，一邊試著體會前人所說的心靜自然涼，一邊和彼得聊著大江南北、過去及未來、現實與夢想。我們兩個人在這些的日子裡，成了彼此無話不談的「另一半」，常常愈談愈覺得還有一輩子的話談不完。

「我們還是回去吧！」彼得望著周圍好像一碰就會起燃燒起來野草。頭頂的太陽擺著一副不會罷休的姿態。

「好吧！」我也向它認輸了，正在起身的當下，我突然感到一陣天旋地轉，眼冒金星，「啊！」我驚慌地叫了起來！

「怎麼了？」彼得被我的樣子嚇到了。

我揉揉眼睛，睜大了眼睛，看到的卻是一片黑空。

「我，什麼都看不見了！」我的聲音裡夾著驚恐和惶急。

「不要急，不要急！」他雖然鎮靜地安慰我，但是我聽得出他心裡的著急。

「怎麼辦？」我錯愕地問。

「來，牽著我的手！」彼得的聲音變得出奇地溫柔。

在我將自己的手交給他的同時，才發現到這竟是我這生初次將自己百分之百地交給他人。我這才了解到，原來當自己再也無能為力的時後，只能完全依靠他人的感覺原來是這個樣子。

彼得扶我一步一步慢慢地走地到腳踏車旁，幫我坐上了車，然後他就跳上了前座，急急地踩起腳踏車。我們兩個都知道在這個荒郊野地，沒有人煙的地方，是找不到人幫我們的，唯一的辦法就是回到招待所，我現在唯一能靠的就是彼得的兩隻腿。彼得雖不說，但我知道他恨不得能飛。

現在的我是多麼希望能看見那不算美妙的風景，看到周圍枯黃的野草！但無論我的眼睛張得多麼大，我看到的還是一片灰黑。紛亂的思緒突然如洪水爆發似地一起湧上我的心頭。怎麼會這樣呢？我的隱形眼鏡還戴著，是不是它在作怪？要是我就這麼瞎了，往後會是什麼樣的日子？我對盲人的世界一無所知，要怎麼樣去適應呢？四下鴉雀無聲，只聽到彼得在喘息。

「妳還好嗎？」他溫馨地問著我。

「還好！」我只能這麼說。

「快到了！」他邊說邊拼命地踩著踏板。

「我想可能是我的隱形眼鏡！」我猜說。

「可能太陽也太大，等下回到家（我們到哪裡就叫哪裡家）妳把眼鏡拿下來，然後休息一下，可能就會好了！」他說。我聽得出來他在心裡禱告著。

太陽歪斜了一點，不再從頭頂正照下來，我似乎可以感覺到大地的血脈在跳動著，微風輕起，枯黃的野草清香撲鼻。我豁然發覺原來看不見就是這個樣子，原來我還有許多其它平常被我忽視的感官，原來接下來的只有欣然接受。原來，即使什麼也看不見，我仍然能聽到自己內心深處的聲音。頓時，我心中變得清明透澈，性靈覺醒。這原來是上帝給我的一個功課！原來，即使什麼都看不到，我的世界也可以是如此的平靜。現在，我居然不再急著地回到招待所，我希望時間就永遠停留在這裡。我如此地愛上這個無人的曠野，也愛上了這個看不到的世界！

「到了！我們到了！」彼得氣喘喘地說。

「噢！」我心底帶著平靜。

「小心這裡，慢慢走！」彼得一邊小心翼翼地扶著我，一邊說。

走進招待所的房間裡，我可以感到房間裡的陰涼。彼得先幫我在洗手的盆子裡到滿水，讓我洗手後好把隱形眼鏡拿下來，再幫我洗把臉，去掉我臉上的汗水，然後又倒一杯冷水給我。

「慢慢地喝，去一些熱氣！」他說。

我一口一口地喝著，舌唇第一次感到了清水的甘甜。我的眼睛好像感覺到了房裡的陰暗。

「躺下來休息一下吧！」彼得支扶著我慢慢地躺下了。

我躺在床上，眼睛居然在這陰暗的房間裡慢慢地恢復了視力。

「我看得見了！」我平靜地說，心裡對這對靈魂之窗感到極大的珍惜。

「妳看見了！真的謝天謝地！」彼得一顆高掛的心終於可以放下來了。

我張著眼仔仔細細地看著他，深怕等一下又看不到了！今天我才真正地學到了什麼是珍惜，珍惜一切上天給我的東西！

第五章 生死與別離

木圖（*Mutu*）——奧里薩省（*Orissa*）的最後一寸土地

原野的生活是無憂無慮的。常常，我希望能夠就這樣住下來了，整天栽花種菜，什麼都不用管，那裡也都不用去，逍遙自在。但好景真能一輩子嗎？如果我真的能住下來，每天守著這如詩般的天地，如畫般的人民，我難道不會日久依然生倦？自小就愛胡跑亂竄的我，難道不會有被困在畫框裡的感覺？也許美本身就是自由，如果我失去了亂跑的自由，這裡的一切會不會就不再那麼美了？兩種想法常常在心中糾纏，在我還沒想通之前，即使是千百萬個眷戀，我也得離去，繼續走這個未知的旅程。

旅程雖然有大綱，但還沒有去管細節的我們終於打開了地圖，研究了許久，決定了下一步的路程：繼續走到這個奧里薩省的最尾端木圖村，再從木圖過河到馬迪亞省（Madhya Pradesh）的庫都鎮，從庫都鎮坐公車到加格達譜耳，在此轉公車到萊譜耳，再從萊譜耳坐火車到我們的目的地阿布山。根據彼得大師的見聞，阿布山是一個有許多廟宇和瑜珈中心的聖地，我們計劃將在那裡和他的瑞士老友們相會（如果上天沒有意見的話），然後再從那裡往尼泊爾走。

細節打定好了，隔天，我們兩個便帶著一群人的祝福，往木圖出發。在兩個年輕的森林管理員的伴同下，我們和塞滿了一車子的人、雞和羊一起向更偏遠的地方駛去。

車子一站一站的開，人們也一站一站地離去。當公車開到類似「地球邊緣地帶」時，只剩下我們四個人。車子在一個荒廢的票亭旁停了下來，司機回過頭望著我們說「木圖」兩個字後就沒再多說一個字。車門打得大開，我們沒有別的選擇，只能下車。

令我們吃驚的是，那荒廢的票亭裡居然被寫滿了中文字的報紙貼得不透縫隙。彼得被這「奇景」震驚不已！直嘆「怎麼可能？在這樣的地方？這些報紙怎麼會跑到這裡！」。我看了看那些寫滿中文的報紙，全都是花邊新聞版，或廣告。因為是新加坡的報紙，所以上面寫的明星我一個也不認識，我對它便不太感興趣了。但是彼得卻無法釋懷，「妳想！在這個離都市十萬八千里的不毛之地，文盲率那麼高，連英文報紙都沒有，甚至連印度報紙都買不到的地方，有一個人居然會找到中文報紙來裝潢他的票亭！」。他的感觸我贊同，但不知為什麼卻無法和他一起激動。說不定這些報紙原來是用來包什麼東西，這樣想就不怎麼希奇了！但是不管怎麼樣，在這個地方看到票亭子貼滿了中文報紙真是滿稀奇。

還好有這麼一個奇景讓彼得驚嘆，因為待我們站穩了腳步，才仔細地看清楚了這一塊土地上，除了那奇怪的票亭外，沒有任何東西讓人提得起勁。它沒有人煙，沒有綠地，沒有房子，沒有牛羊，也沒有美麗的黃沙地，只有看起來似黃又似灰的土地，和那看起來不活不死的雜草。天氣很乾很熱，空氣好像快沒有氧氣般地令人窒息，感覺上這裡好像是上帝在給地球祝福時，不小心遺忘的土地。我終於懂了為什麼當森林管理員聽說我們要來此地時，給我們一種很不解的眼光。但是此時此地，別無去處，我只能安慰著自己：還好只在這裡待一個晚上，明天就可以過河，到河對岸的另一省。

我們一行四人順著乾黃的道路向前走去，走到眼界下唯一的一個破舊土房子前便停了下來。兩個年輕的森林管理員在快要被蛀爛掉的木門上敲了許久，終於將敲開了門縫，然後向門縫裡遞進一封森林管理長寫的信，信上解釋我們這兩個不速之客將在此借住一個晚上。這個人家裡的一位青年是森林管理局的工人，木圖沒有森林招待所（原本有，但被最近的一次大水淹垮了），於是管理局請他們騰出一個房間給我和彼得住，他們三個人嘰哩咕嚕地討論了半天，得到的結論是一晚二十元，包晚飯。我們別無選擇，只能就地而安，沒有附上其它的條件。

青年打開了門，我們一行人跨進了陰暗的屋子，屋裡除了一張破爛的桌子外就什麼都沒有了，發霉的味道隱隱衝鼻，左手邊的小房間就是給我們睡的房間，另外兩位管理員就打算在客廳裡濕冷的地上打地鋪。關上了房門，我們兩個互相唏噓，這是一個多麼窮山惡水的地方啊！我在搖搖欲墜的木床上躺下來，望著窗外，總覺得空氣裡散發著一股不安和鬱悶的氣息。土牆上依然留著上次淹水的水跡，水跡竟然有三尺高。兩、三隻蚊子不斷地騷擾著我們，令我們感到煩躁，卻怎麼打也打不到（我怎麼也沒想到這幾隻蚊子竟然可以成為我們生命中一段旅程的主宰）。太陽正慢吞吞地落向地平線，我們決定要出去走走，散散悶氣。照地圖上的顯示，木圖這地方應該是奧里薩省和另兩個省，馬迪亞省（Madhya Pradesh）和安德拉省（Andhra Pradesh）的邊界，兩條大河西雷魯(Sileru)和沙巴利(Sabari)將這三個省份分隔。如果我們幸運的話，也許可以在天黑以前找到其中的一條大河！於是我們兩個跑出陰暗的土房子，丟下煩人的蚊子，去試試我們的運氣（雖然我知道今天不是一個適合我買獎券的日子）。

順著土房裡一家人所指的方向，我們往沙巴利河邊走去。太陽此時已不再那麼頑強，清風也開始吹起，伴隨著我們找到了大河。寬廣的河床上擺滿了大大小小的鵝卵石，滾滾河水地順著上游奔瀉下來，流過了我們的跟前，再繼續往下游去。對岸的婦人們正收拾著洗好了的衣服，準備回家。小娃兒們和他們的牛羊也走在回家的路上。我很難想像，過了這條大河就是另一個省，那裡的人們正在用另一種語言交談著。

天色即將暗下來，有幾隻白色的大鷺鷥從我們的面前低飛而過，開始，我們只覺得這些鷺鷥很美麗，並不以為奇，但是一會兒又飛過幾隻，一會兒又飛過幾隻，如此連續不斷地，從幾隻到幾十隻，後來成了數不清。我們愈來愈感覺到這其中有一些玄機。於是順著它們飛去的方向望去，我們才赫然看到遠處的一棵大樹原來是它們今晚停棲的聚處。接下來的情景開始令我們吃驚，那碩大的大樹上有成千上萬的白鷺鷥，而且這些白鷺鷥仍然不斷地由四面八方飛到這棵樹，然後在樹上找到一個適合的位置棲息。是什麼讓他們從各處到這麼遠的

一棵樹上相聚？是什麼讓他們願意和上萬的伙伴們和諧地在樹上分享這個有月光的夜晚？我們兩個半天說不出話來。只能靜靜地分享這大自然的奇景。過了快一個小時的光景，那棵原本蒼綠的大樹已漸漸變成了一棵雪白的大樹，該到的鷺鷥大概都到了。在最後一隻鷺鷥在樹上找到了棲息之處後，整棵大白樹便寂靜下來，再也不發出一點聲音。天色此刻同時暗了下來，就像是父母在為孩子們熄燈一般。鷺鷥們就和大樹一起歇息了。我們感覺到這時大自然正在用他們語言輕輕地說著話語，那是一種只有用心才能聽到的聲音。

許久之後，我們才從那如夢般的境界中回醒過來，這時才想到，天黑了，我們也該回去休息。於是我只好把剛才看到的情景小心翼翼地放在心底，向大樹和它懷抱中的鷺鷥們道過晚安才依依不捨地離去。我們回到小屋時，晚飯早已準備好了，我現在已經練得不用猜不用算，就知道這一頓一定是印度的招牌飯「咖哩洋芋和熱餅」。稀哩呼嚕地吃完晚飯，我們就倒在四腳不等長的木床上睡一個不安穩的早覺。縱然如此，我還是希望早晨起來時，能和大樹上白鷺鷥一樣，有無限的精力，往我們的旅程繼續飛去。

走出森林地

這天的清晨六點，是我們另一個旅程的開始。我們將過河，然後走出奧里薩省的原始森林，離開她的原野和原住民，回到較「文明」的地域。依著土屋裡管理員的指點，我們到了渡河處。就在渡河之前，我們照著地圖，撥過草叢找到了這個省份的最後一寸土地。我們在土地的邊緣上站了許久許久，心裡努力地感受著這寸土地的細語。

圓形的渡船來了，這船身不大的圓船每次只能載少許人。船夫的渡船方式很特別，他手撐著長竿，用老練的技術讓船以旋轉的方式向前進。我們一面轉圈一面渡河，到達對岸的時，彼得算了算，我們總共打了八個圈，真不知道那船夫每天這麼來來回回地轉，怎麼都不會頭暈？

下了船，雙腳站穩了後才發現四處沒有一個人。除了知道我們應該是到了馬迪亞省（Madhya Pradesh）之外，我們不知道自己的正確位置，亦不知道我們應往哪個方向走，或者是會到達什麼地方。我們唯一能做的就是選一個方向，然後向前走！

我們走著、走著又走著，走進了一大片的薏仁花叢，花叢高過了頭，我們邊撥開花叢邊繼續走著。白白的小花和結實飽滿的薏仁粒猶如母親的手在安撫著我們的頭，這裡的景象有如在夢境。我想也許我們將會碰到一個人，便可以問她/他車站在哪裡，或我們在哪裡之類的問題，但那人始終沒有在花叢中出現。我想這是一片很大的薏仁花叢，因為在我們走出花叢，找到大馬路的時候，太陽已經照到頭頂上了。

接著，我們順著馬路走，我邊走邊想今天接下來的命運不知將是如何。沒多久，我的問題就得到答案。我們看到一棟有著矮圍牆和大廣場的大樓房。圍牆裡有許多穿著制服的警察在走來走去。在森林和原野裡住久了的我們，好久沒有看到這樣的地方，感覺上裡面的人好似住在監牢裡，想必是一個政府機關，我們不是很想進去。於是，我們兩個人很有默契，不出聲地踏著輕放的腳步，想要盡量不去打擾圍牆裡面的人們。但即使我們再小心，還是引起了裡面的人的注意，其中的一個人跑過來叫我們進去，我們沒有勇氣選擇逃跑，只好乖乖地跟著他的腳印。另一個較年長穿著制服的人已經站在樓房前面等著我們。待我們站在他的面前，他便開始從頭到腳，再從腳到頭，仔仔細細地打量我們。

為了走路方便，我只穿了一雙夾腳拖鞋，因為天氣炎熱，我身上只有一件洗得泛白的無袖衫和短褲，彼得也好不到那裡去。我們一身的簡單和灰舊令他訝異，當然無法相信我們兩個沒有問題。他告訴了我們這裡是警察局，當然不用說，他就是警察。他向我們要了我們遺忘許久的護照，然後認真地將兩本護照上的每一個字看了一遍。問了我們一些問題，又很不放心地將護照重新再看一遍，我想他這次可能將標點和劃線都看清楚了。然後他又將護照抄記一遍。最後，還是不放心地又再翻看一遍，才把護照還給我們。看來我們沒有什麼大問題了。彼得才敢問他「是否可以告訴我們車站在哪裡？我們要去萊譜耳。」

順著警察老爺的指點，我們到找到了公車站。公車還沒進站，我們就在站旁的小茶店歇一會兒腳，填飽肚子。填到一半，一個一本正經的中年人，頂著衣服鈕子快要扣不住的大肚子，來到我們的桌前。一邊有一搭沒一搭地和我們聊著，一邊掏出他的證件，這一掏，謎底揭曉，原來他是國家的便衣警察，想要看我們的護照。我想今天大概是個吉星不照我們的日子。他看完我們的護照，問了我們來此的原因，我們要去的目的地，我們來自什麼國家（雖然護照上已說明得很清楚）等等的問題後，他方厚的臉上原本緊繃的肌肉才鬆弛了一點。

但是，忠於職守的他，很有禮貌地說一定要將我們護送上車。一直等到把我們兩個送上了車，確定車子發動了之後，他臉上的肌肉才敢全部鬆放。

年少時的我常常粗心大意，不會將事情一加一等於二。如今再回頭寫這篇文章時，愈寫愈覺得不太對勁：一開始覺得那天真是不巧的日子，先碰到警察，然後又在碰到調查局的人。後來在想想，那警察局和調查局的人士不是有什麼關係？聯想的線愈放愈長，我想會不會是警察讓那調查局的人來找我們呢？

我就問彼得了。「彼得！你記不記得那是我們在安德拉省從花叢中出來後，先碰到警察，然後又碰到調查局的那個人嗎？」

「對呀！我當然記得！」

「那你會不會覺得很巧？我們短短的兩個小時內又見警察，又碰到調查人員？」我一副好奇地問。

「妳！我真的不敢相信！」彼得瞪大了眼睛！「妳從來都不聽我說話，

我那時就告訴妳了！他們就是因為妳！」

「我？我當你在開玩笑！」我一頭霧水！

「你真的不曉得在荒郊野外為什麼會有那麼大的警察局嗎？」彼得說。

「我不知道！」我真的很訝異！

「那裡就是毛主義的大本營！很多叛亂者都住在森林裡，所以當他們一看到我們，尤其是妳，就免不得懷疑！」彼得說。

毛主義，就是毛澤東主義，屬於共產主義的一種，現在印度的西孟加拉(West Bengal)和安德拉（Andhra Pradesh）均有許多叛亂者遵循。我是後來上網查看才確定彼得不是在唬我。

不可思議的是，我們那時深入危險，可能被當地的警察認定是中國派去的毛主義訓練員。我卻迷迷糊糊，一直到多年之後才曉得自己當年的確經歷過險境！

飛向上帝安排的目的地

火車帶著我們向阿布山(Mt.Abu)的方向奔去。彼得的瑞士朋友們預計將在阿布山上和我們相聚。火車預定明天早上六點鐘左右到波琶（Bhopal），我們將在波琶換火車上阿布山，一切都在我們的計畫裡。火車上賣茶的、賣熱餅的、唱藝的、掃地的、找位子的、不知幹什麼的，不停地穿梭在旅客們之間，如果不是因為火車的緩動，我可能會將此處誤認為戲院或茶館。一直到夜晚來臨，人們才漸漸地安靜下來，試著在這夜間爬行的大蟲裡找一個棲身之地。幸運的我們買到了睡鋪，我睡上鋪，彼得睡下鋪。疲累的我們互道了晚安後，便各自爬上了自己的硬板鋪。卻從來也沒去想，一覺之後，我們的計劃將完全操縱在死神的手裡。

火車一直往前開，從黑夜開到黎明。慵懶的我通常都是等著彼得叫我起床，今晨亦不例外。我賴在硬板床上，等了又等，一直等到全身被硬床弄得僵痛，賴不下去了，才跳下床找彼得。這時候的他和當地人一樣，用沙龍布將身體從頭包到腳。來了印度這麼久後，我們早已融入了這裡的生活習慣，所以我對他的這種行為一點也不為奇。我在他的腳邊坐了一會，太陽已在遠方昇起，沒有帶手錶的我猜我們應該快到波琶了，便興奮地拉開彼得頭上的布，想叫他起床。那想到一掀開那布，我便被嚇得魂不附體！他的臉蒼白得像如死魚肚子！

「哇！我的天哪！怎麼回事呢？」我摸摸他的額頭，那額頭卻是燙如火炭，他整個人像昏死了似的，任我怎麼叫也叫不醒。這會兒我全身無力，手腳癱軟，心中只有驚慌和恐懼。

「老天！怎麼回事啊？昨晚道晚安的時候還是好好的呀！到底發生了什麼事？在這人生地不熟的火車上，該怎麼辦？」我對自己說。此時，我心亂如麻！

「彼得，彼得。」我邊著急地邊搖著他。

好不容易，他醒了過來，卻只能微弱地吐出一句話，「我好像……得了瘧疾。」便再也說不出話來。

這時，木圖的那幾隻蚊子在我的腦海裡浮現，沒錯！準是那些可惡的蚊子！我的心還是亂得發慌。

「他要是有個什麼怎麼辦？」我想。「天哪！彼得！請你千萬別在火車上

死！」

我心急地想問彼得怎麼辦。他卻虛弱得無法開口講話。一會兒，他的症狀又發了，發冷發抖又發熱，大顆大顆的冷汗從他額頭滴下。他又躺了下來，並且又進入了昏迷狀態。無法思考的我，只能守在他的身旁等候。過了很漫長的一段時間，他又清醒過來。這次他帶著微弱的呼吸，安慰著我，指示著我應該怎麼做。

「我這次的瘧疾的症狀是一陣一陣的。我們得在趁我清醒的時候辦事。」他很努力地擠出每個字。「火車等一下停站的時候，你就下去裝一壺水，我很渴！」

這個時候要我下火車拿水實在是很冒險的事，萬一火車開走了怎麼辦？但是他的頭像開滾的水一樣燙，不喝水也是不行，火車上的水只能用來盥洗，喝了一定有問題。看來我只得照著他的話去做。火車一停站我就趕緊跳到月台上，拼命地找水龍頭，心在跳，腿在抖，全身的神經繃張到了極限，但又不斷地告訴自己一定要鎮定。好在水龍頭就在月台上，離火車很近。水壺一滿，我便急速跳回火車上，一秒也沒有浪費。彼得無力地喝下水，待他喝夠了之後，告訴我說「又要來了！等我下一次清醒。」就又昏了過去。我們就在他的昏醒之間過了許多光陰。到了正午時，卻還沒看到我們的目的地，我開始懷疑有點不對勁。在彼得又清醒的時候，我拿出了地圖。我們按耐下了著急的心，等著火車進站，好看站牌。但火車進了站，我們看了站牌，卻還是搞不懂我們到底在哪裡。算算時間，我們早就應該到波琶了，彼得的病看樣子得儘快找到醫生，但是我們在哪裡？火車要去哪裡？這些都突然成了我得面對的問題。彼得又昏了過去，看守著他那顫抖地和病魔打著仗的身體，我決定等他清醒過來時，向人問清楚，然後就做決定。過了好久，他又像打過一場仗似地，狼狽地坐了起來。

「我們應該問問人火車到底開到哪裡了。」我說。

「是的！」彼得慢慢的說。

於是我們轉向斜對面不遠的中年人問「請問我們離波琶站還有多遠？」

男人瞪大了眼睛望著我們說「波琶？早就在六個小時以前過了！」

心裡早已有數了的我們並不驚訝，他的回答只是肯定了我們的疑慮。

「好了！波琶已經過了，我們就不用再等了。現在應該儘快帶你去看醫生！」我對彼得說。

「對！」彼得有氣無力地回答。

眼看他又要倒下去了，我想我得在他倒下去之前做好決定，並把事情安排好。

「我們得下火車。」我說。

「是的！」他現在已經不能多說話，看來一切只能靠我和上帝了。

「我們得在最近的城下車。」我那原本飽受驚嚇而停擺的頭腦終於開始運轉。

「是了！」彼得微弱地說。

我拿著地圖，轉向一直望著我們的中年男人。

「你知道下一個火車停站的大城市是什麼嗎？」我問。

「是阿格拉（Agra）。」他文雅地回答，並在地圖上幫我找到了阿格拉。一個我從沒聽過的城市。

「你知道要多久才到阿格拉嗎？」我按著心中的焦急問。

「可能要四十五分鐘到一個小時左右。」中年人邊輕晃著頭邊計算著。

於是，我毅然決定，我們就在阿格拉下車。去找醫生成了我們唯一的目的地。

彼得又昏迷了過去。我將四件行李整理好，擺在跟前，一切準備就緒，只等待火車一進阿格拉站，我們就往醫院衝！我心裡默默祈禱，但願彼得能在下車時清醒，我們能不能下火車還得完全靠他那兩條腿。

感謝上帝，他在火車進站的前五分鐘清醒過來，我在他顫抖的身軀圍上一層毛毯，他便抱著一身的毯子繼續發抖。火車終於在阿格拉停下。我扛起了行李，扶著隨時會倒的彼得下了火車，走出車站。車站門口擠滿了兜叫的三輪車夫，面對幾十個不同的臉孔，我還沒回過神來，矮小黑健的他已帶著誠摯的心，像是上帝派來的使者一般，站在我的面前，一切都發展得如夢境似的自然。不用言語和思考，我即知道他能幫助我們。他拿起我們的行李，扶著彼得，帶領我們走出人潮，來到他的電動三輪車。

「我的名字叫苟琵，先生，你生病的是什麼病？我可以帶你去看醫生！」他誠心地問。

彼得坐在三輪車上，已經無力回答，走路讓他用了很多的力氣。

「他得了瘧疾，我們得馬上送他看醫生。」我說。

「好的。沒有問題！我先帶你們去看醫生，再帶你們去住宿的地方。」他很簡潔地說。

接下來苟琵便專心地開車。我便祈禱便感謝著上帝，一切都在順利地進行著。車子在市中心的一家小診所前停了下來。對這個城市一無所知的我沒有選擇，只能相信苟琵。苟琵下了車，我們兩個一起扶著彼得，進了診所。矮壯中年的錫克徒醫生，穿著一身的淡藍，頭上緊盤著一圈又一圈的白頭巾。他查看了彼得一會兒，又問了我們一些簡單的問題後，便確定了是瘧疾。

「治療瘧疾的藥是強烈的奎寧。」他嚴肅地說。「我給你三天的藥，這三天是危險期，他要好好地休息，多喝水，三天後如果還不好，馬上來看我！」

「知道了，謝謝你！」我萬分感激地說。

拿了藥，我和苟琵又扶著彼得回到車上。現在看了醫生並拿了藥，我的心已經安了不少。苟琵安穩地駕著車，一副凡事可以包在他身上的樣子。車子經過了大街小巷，在一家有著乾淨大院子的二層樓房前停下。苟琵陪我到櫃台和老板解釋了我們的情形。

「我的朋友得了瘧疾！」我的語氣中略帶哀求地說。「我們得在這個城市住上幾天，請問你有沒有房間給我們住？」

老板瞪大了眼睛，想了半天之後又向我要了護照。我很擔心，如果他不願意給我們地方住，情況就會變得很糟糕。綠皮的護照讓他從頭翻到尾後，他終於開了口：「請跟我來！這裡有一間房。」

我緊緊地跟在他的腳步後面，現在只要有地方讓彼得躺下來，什麼樣的地方都可以。老闆在一個房門前停下來，他一推開門我才明白他的好心腸。那位於一樓的房間面對著花園，可能是這裡最舒適的一間房了，又有一間廁所，看起來正適合我們的需要。

苟琵和我將彼得扶進了房間，受盡折騰的彼得倒在床上就不再動了。苟琵二話不說，又幫忙將我們的行李都拿了進來。我們終於算是安定了下來。苟琵依然誠懇地對我說，「明天，我會再來看你們！」這時我才想起來，我一直都還沒問他有關車費的問題。現在，已不用再問，我決定給他六十盧比，這可能是一般車費的三倍，但是我知道再多的錢也不夠向他表達我的感恩之心。我向他道了誠心的謝意，他卻回我更崇高的感激！我不知怎麼繼續，只得把那感恩的情放在心底。他臨走之前又說，「我明天再來！」

彼得的頭又燒了起來，我把醫生給的一帖四大顆粒的藥，讓他和著溫水喝了下去。我打開床前的木窗來透氣，窗外的明月又圓又亮地照著大地，照進了屋裡。

「彼得，你看得到天上的圓月嗎？」我輕聲地問他。

「是嗎？」他虛弱地說，然後他像想起什麼似地說「也許妳應該去泰姬瑪哈陵（Taj Mahal）看看。」

「泰姬瑪哈陵是什麼？」我無知地問。

「滿月的時候，阿格拉的泰姬瑪哈陵美得有名，每次總是有成千上萬的人來看滿月下的泰姬瑪哈陵」彼得虛緩地說。「妳也應該去看看！」

「你要我把生大病的你留在這裡，自己一個人跑去什麼地方看滿月？」我心裡想他是不是燒昏頭了，但這時也無法和他理喻。

「我想這裡一定有其他的外國人也要去，妳可以和他們一起去。」他又說。

「我去？把你一個人留在這裡生大病？不可能！」我堅決地說，「我哪裡都不去！」

我整晚守著他，一顆心怎麼也放不下。他還是一陣子發冷一陣子發熱，醫生的藥每六個小時吃一次，強烈的奎寧讓他開始了嚴重的痢疾，好在我們的房間有廁所，不然會成為一件很苦惱的事。早晨，屋外的陽光豔麗，彼得卻看不得一點光。門房好心地來告訴我，這裡有廚房，可以送食物到屋裡給我們吃，可憐的彼得卻什麼也無法下肚。

直到快中午，我才戰戰兢兢地獨自坐在門口的大院子裡吃午飯，邊吃邊看著院子裡來來往往的人。住在這裡的人大多是西方的觀光客，我不能叫他們旅行者，因為他們實在是在「觀光」。這些人還是用他們在自己國家一樣的態度，花著小錢享受著印度的美景和印度人的服侍，講得都是那裡的東西好吃，那裡的東西便宜，讀的都是他們自己國家的報紙，談的都是他們自己國家裡的一些八卦。然後在假期滿後，他們又回到自己的國家，回到自己的工作崗位上，等著下一個可以享受便宜和被伺候的假期。我覺得不可思議的是，彼得和我雖然跟他們住在同一個院子裡，卻活在不同的兩個世界裡，原來每個人的世界都是由心而轉的！

苟琵守信地來看我們。「彼得還在病床上！」我對他說。老實的他沒有多說什麼。我們心裡都明白，至少還要等兩天才能知道是否能脫險。彼得的痢疾和高燒是比較令我擔心的。不多話的苟琵在往後的日子裡，還是每天都來探看我們的安危。

感謝上帝，三天過後，彼得終於脫離了險境，他的高燒退了下來，痢疾的次數也漸漸減少。第四天早上，他要了一杯溫牛奶，這是他第一次想吃東西，我心中暗喜！第五天早上，他爬了起來，告訴我他要到樓上的空地做一點瑜珈。這次的瘧疾把他的身體折騰得很疼痛。

眼看著他有了一點力量可以上樓，我心上的吊桶終於放了下來，心裡想這幾天的煎熬終於過去了。沒一會兒，我迷迷糊糊地在床上睡著了，再有感覺的時候，我發現自己的全身都不對勁，又酸又痛。彼得回來時，我已經開始發起高燒。我們兩個心裡有數，現在輪到我發瘧疾了。

要工作養家的苟琵請他的好朋友拿辛騎三輪車，帶我們去看同樣的醫生，拿了同樣的藥。我像彼得一樣地發冷發熱又發抖。頭痛，肚子痛，全身痠痛和嚴重痢疾讓我深深體會到他曾經受的折磨。這般如臨死神地過了四、五天，我才慢慢地又活了起來。這樣的十天在阿格拉渡過，是我們從沒預料到的。原來人算總是不如天算，計劃雖然是需要，但是安排有時卻可能是上帝所定的，一切只能隨緣。

當然，粗心大意和無所謂的我們，早就知道可拉布是個瘧疾疫區。賜給我們這段經驗的可能是木圖的那幾隻蚊子。所以這一切也可能是我們自找的，和上帝沒有太大的關係。

阿格拉的空氣是香甜的。文雅的阿格拉人們是以放慢的腳步生活在這個滿溢著浪漫的古城裡。寬大的街道一如這兒人們的心胸，古老的愛情故事，亦留下了泰姬瑪哈陵作為印證，為阿格拉加上了嫵媚的風情。

淒美的故事是這樣流傳下來的。沙迦罕王的美麗妻子在生第十七個孩子的時候去世。沙迦罕王的傷心和惦記讓他決定在此造一個大殿堂，大殿堂的裡外均由小瓷磚鑲刻拼成，固然壯觀。但原本就沒有什麼錢的他，收了不少民脂民膏，並且還打算繼續蓋其它的大殿。後來他的一個兒子看不過去，乾脆把他關了起來，監獄就在大殿的後面，牢房門上小小的洞，讓他只能看到泰姬瑪哈

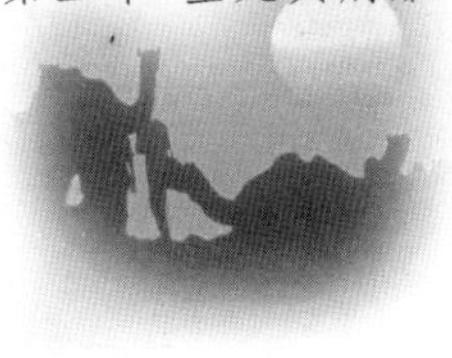

陵。三年之後，沙迦罕王憂鬱而死。千年後的今天，活生生的生命成了故事，大殿也成了「觀光」（光在此可為「沒有」的意思）聖地。

泰姬瑪哈陵的大花園成了我和彼得每天去的地方。川流不息的觀光客們總是匆匆忙忙地往殿堂筆直的走去，在殿堂裡外繞了一圈之後，再筆直地走出來。居然沒有人有閒情逸致轉到有大樹和綠草地的大花園裡歇息一下。幸運的我們便在大樹下的青草地上或躺或坐地享受大自然的沐浴。大松樹上的松鼠家族慢慢地和我們混熟了，每次我們一到，他們一家老小就興沖沖地跑來拿我們手中的熱餅吃。我們躺在草地上時，可以悠閒地望著牆外天空上繞著大圈飛尋的禿鷹們。原來牆外不遠就是火葬場，這些傢伙都在等待著機會，飛累了就在圍牆上休息，過一會，再去飛尋。翠綠的小鸚鵡成群地飛來，在我們身旁的大樹上吱吱喳喳地玩樂一陣後又成群地飛去，沒有留下一句人語，只留下讓我們無限歡喜的自由氣息。

在阿格拉十來天的休養讓我們恢復了體力，翅膀又硬的我們決定繼續我們的旅程。但目的地呢？彼得跑去火車站問了消息，去阿布山要坐火車一天。而我的簽證即將到期，算來算去，最實際的方式就是忘記阿布山，在心中向在那裡的瑞士友人們說聲抱歉，有緣下回再相見，然後由此往北走經瓦拉納西(Varanasi)出境到尼泊爾(Nepal)。

行程決定了，我們就在二月十三日這個彎月高掛的清晨拜別了我們在阿格拉的兩個守護神—苟琵和拿辛。付清了房錢，便去趕火車。不小心坐上了世界上最慢的腳踏三輪車的我們，一路上想盡了辦法讓自己頭皮放鬆！好不容易到了火車站，我們趕緊付了車錢便衝到擠滿人的站台上找站長。火車早就進站了，站長正經八百的在一大堆紙張裡找到了我們的名字，於是便確定了我們在火車裡有位子坐。

火車緩緩地啓動著，太陽此時高高地照耀著阿格拉，我的心在默默地和這個城市道別。就在這裡我們從死神的身邊爬了過來，那臨死之前的未知境界，和活過來後感到生命的可貴，是阿格拉在我生命上所畫的色彩。

瓦拉納西(*Varanasi*)的死亡葬禮

火車不停地往北開，一直開到了瓦拉納西。我們下了火車。「這又是怎麼樣的一個城呢？」我心裡想。車站的大廳裡睡著、坐著、蹲著、跪著、站著、走著都是人，男女老少早把這兒順理成章地當成了他們的家，車站的門口成了他們的庭院，在庭院裡刷牙、洗臉、煮飯、吃飯、洗衣、穿衣、脫衣、種花、做早操、散步、賣東西、要小錢、自言自語都是自然的事。如果我說這裡的情景不但一點也不像一般人所想像的骯髒凌亂，頹廢潦倒，反倒是生氣蓬勃，安和樂利，許多人一定不相信，但是這裡的氣氛真的是國泰民安，他們的腳步則是安穩緩慢的。

我們在車站門口和往常每到一個城市一樣，找一部車，什麼樣的車都可以，只要它的車主看起來能夠信任。我們告訴他要找一個地方住，然後就像賭博一樣地把一切的希望都押在他的身上。

傍晚時分，車夫將我們載到了這個在恆河附近的一棟二層樓的黃土房子。黃土蓋的老舊樓讓我不時有回到了中古時期的錯覺，我們在這裡找到了一個落腳的地方。我們的房間在二樓，裡面有一扇刻滿了小花洞的大木窗，打開窗就可以看到不遠的恆河。太陽的餘紅此時正照著每天洗滌萬人的河中，反射出燦爛的光芒，那光芒隱隱之中，好似正帶著河中的靈魂飛上了青天。

一早醒來，我就迫不及待地拉著彼得往恆河跑。跑過了幾條擁擠的大街，穿過了古老陰暗的窄巷，再蹦下長長的石階，終於到了恆河。中午以前的恆河是熱鬧的，各形各色的人們為了各種不同因果來到了恆河。婦人、小孩、修道士、讀書人、生意人、老師、學生、流浪者、當然還有觀光客。大河默默地包容著人們向大海流去。

大河旁的一處正舉行著葬禮，一家人圍著一個仙逝的老人的身體，老人身上裹著白袍，滿面尊容。望著葬禮，我的心噗通噗通地跳著，眼睛卻連眨也不眨一下。幾個人架好了一個有半個人高的木柴堆，再將老人的身體謹慎地放在木柴上。確定將身體安放好了之後，站在一旁的修道士便盛起一碗恆河的水，慢慢地滴在死者的額頭上，頓時搖鈴聲四處響起，死者的家人在他的身體上撒上了朵朵鮮花，修道士喃喃地唱起了禱文，一個老者點燃了木柴，乾木柴讓火漸

漸地愈燒愈旺，死者的身體和身上的花朵也隨著燒了起來。這些都在安祥寧靜的氣氛中進行，沒有嚎啕大哭的情景。幾位老者每過一會兒就整理一下柴火，確定火燒得夠大。修道士的禱文一直唱著，搖鈴聲也不時響起。他的家人沒有哭泣，只是很專心地看著他的身體慢慢地在火焰中和柴火一起燒成灰燼。我在想，老人的靈魂此時是否也在和我們一起觀看？或是早已飛去？這個無人可回答的問題一直盤旋著我的心底！

這場坦蕩蕩的葬禮，深深地震動了我的心靈。才在阿格拉從死神跟前爬回來的我，親眼看到了人死去後什麼都不會帶走情景，就連身體也得留在大地。這帶給我許多沉思，也讓我更想去了解那主宰身體的靈性。到底什麼是真實的呢？是活著的時候？還是死後？這些問題不管是否能得到答案，卻早就注定要帶我走向靈性的生命旅程！在心裡，我不得不感謝著這位死去的老人和他的家人，感謝著神聖的恆河，感謝著天地！

當我們在傍晚回到恆河時，正午的人潮已去。我們兩個在河邊散步，經過一個正在講解靈性的修道士，和一些聽得茫茫然的學生。又經過一個看起來已經在這河邊住了許久的西方人，他的眼中一片迷惘，像是已經迷失了歸途，他全身的破布隨著微風盪著，傳來陣陣的異味，讓人無法接近。幾個修著各種法門的修道士，零零落落的站在恆河中接受河水的洗禮，他們專注地沐浴，祈禱一切惱人的俗事將隨著河水流去，出來後只留下清淨的靈性！

恆河之所以神聖是因為人們用它做靈性的洗滌，但是無所不包的它，裡面包羅萬象：常常可以看到死雞、死鴨、死牛、死人隨波逐流，除此之外還有活人、活人的洗滌殘留，活人的糞便等等等等。這樣的恆河我不是很想跳進去，但是我相信只要誠心，我的心靈一樣會被靈性的河流淨化、洗滌！

感激妳，靈性的大地！

二月十四日是我們和印度道別的日子。從瓦拉納西開始我們將和一群來自四處的遊子一起坐上公車，到尼泊爾去繼續我們的浪跡。我的心裡充滿了無限的不捨和悲傷，印度這塊大地在我不知不覺中早已成了我的母親，我在她的懷抱裡，享受了她的愛撫和孕育，我的呼吸裡已含著她的氣息，怎麼可能就這麼離去？

「我們還會再回來嗎？」我問彼得。

「當然會！」他一點也不加思索地回答。

「什麼時候呢？」我又問。

「時候到的時候！」彼得是我的大禪師。

「我希望下次我會比較有耐心。」我回想起最初的一個月，常常受不了，將氣發在他的身上。

「呀！才怪！」彼得露出一副很了解我的笑容。

我跟他一起大笑起來，人生真的很難得能遇到這種知音！我常自問，我們倆是否也是在履行上輩子的約定？一起來這塊土地上傾聽自己心靈的聲音？

我終於了解了為什麼彼得很難形容印度這塊土地。對於這如母親般偉大的土地，他怎麼能用三言兩語來比喻呢？雖然只有兩個月，我卻好似已經在這裡過了一世。如今將離開這裡，好像將要去繼續我的另一世。想當初，懵懂的我曾帶著無知的心到這塊土地上尋找答案，然而過了許久，我才知道自從我踏上這塊土地起，她的每一吋土地、每一條河川、每一個森林、每一個子民都無時無刻不在對我低語，告訴我謎底。雖然我一直在努力地傾聽，但是努力了好久之後我才明白，在都市過了多年的我心念雜亂，唯有等到心中一切的雜念都沈澱後，我才能聽得清楚那低語。又努力和等待了許久，我方才聽清楚那低語說著：「答案原本就在妳的心裡！」。此時，我終於了悟！原來答案一直就在我的心裡！

後記

在印度這塊土地上我哭過、笑過、驚嘆過、出生入死過，然而這些經歷讓我的心靈得到了洗禮。我那曾經營養不良的心靈，如今已被印度這塊大地上的滋潤得強壯美麗。我對在她身上走過的每一吋土地，碰過的每一個子民都有說不完的感激，因為他們都曾全力以赴，努力地過自己的生命，幫助我深探了自己的內心和本性。我如今方才明白，她已經在我踏上它肌膚上時與我印了心，永不反悔地對我留下了允諾：不論我到哪裡，她都將如母親般無時無刻在夢中召喚著我的靈性。

我帶著它給予我的承諾，在這地球上又過了無數的春秋，走過無數的土地後，才明白，原來每個土地上都有一種獨特的感情，低沉的話語，只要我們駐足片刻，專心傾聽。然而，我在每一個地域上的經歷都給了我許多的驚奇和更多的生命力！

在一起流浪的歲月裡，我和彼得結婚、生子，後來到了寒冬漫長的北國—加拿大。海角溫哥華島的溼冷讓人想和島上的黑熊一樣冬眠。此時人與人之間的感情，和寒風一樣帶不起熱情和活力，有的只是勉強支撐的禮貌和禮儀。

在這樣寒冷的季節裡，我喜歡獨坐在後院的溫室裡，點燃一炷香，和佛祖相視後，便將香插入吊盆裡，香味便隨著青煙在整個房間裡散開來，錄音機放出印度音樂大師Ravi Shankar的音樂，我整個人便跨過時空，到了另一個曾經熟悉的空間裡—我的靈性大地「印度」。這個空間的表面在一般現代人的眼裡是不合標準的，因為它所呈現的有物質上的貧窮、有生死、有病老、有髒亂、有落後、有爭吵、有小偷、有不守法的人們，有著一切被所謂文明人所憎恨的品質。但是，在它那樣的表面下卻潛藏著許多文明人所遺失又遺忘的靈性。

那空間裡曾與我心神相遇的夥伴們一個個來向我問好，並問我是否還記得自己的靈性，我告訴他們，多虧他們不時的提醒，我才沒有忘記。但是我常常怕會忘了去找他們，便沒有人會提醒我。後來他們其中一個問我：為什麼不乾脆把我們寫下來？變成文字之後妳就很難會忘記了！如果真的忘記了的話，妳就將所寫的拿出來讀一遍，我們這些夥伴一聽到這些如故事般的咒語，便會跑來和妳相聚。

我想她說的很有道理，便拿起筆從第一個字開始寫，將一個又一個的精靈和一個又一個的故事寫下來。我愈寫，這些友人們便和我愈親密，往日的種種也跟著他們反覆的表演而變得清晰，整個溫室也因為他們而變得熱鬧非凡。重要的是，他們一直提醒我寫作的目的，以確定我不會偏離主題。就在寫下這本書的最後一個句子的那個夜晚，他們伴著我高興得整夜沒闔眼，原先教我將他們的故事寫下來的夥伴又對我說：現在，妳再也不用怕會忘記我們和妳自己的靈性！

流浪記事

七歲的那年我和父母搬到了台北，開始了我流浪的生涯。迷迷糊糊地上了小學，先後上過內湖國小和幸安國小。那時最怕寫的字就是牽牛花的「牽」字，每次要將一橫劃過幺的時候，我的手便會不停的出汗，常常汗將作業簿浸濕，鉛筆尖又很會將濕了的紙刮出破洞，交作業時不是破洞，便是看不清楚的字體。老師並不和藹可親，「牽」字便又罰寫了幾十遍（這次是手裡抓著兩條手帕才寫完的）。對「家」的記憶是搬家，不停的搬家。兩年裡搬了八次家，有時一個月裡搬了兩次家，爸爸從外海回來時還得打電話到媽媽的公司裡問，「我們家在哪裡？」。而這段時期塑造了我居無定所的個性。

沒想到，父母後來愈搬愈起勁，乾脆搬到約旦的沙漠去了。其實本來我們行李都打包好，準備到那時父親口裡的「人間天堂」－越南去，結果要上飛機的前一個星期，越南戰爭爆發，天堂變成了地獄。沙漠還是好過了地獄，在約旦的歲月對九歲的我來說既新奇又神秘，Petra 的壁洞古堡、地平線下死海的苦澀、平原上的農莊，沙地上的駱駝群如同夢境般地收藏在我的記憶裡。在這裡的小學裡我第一次感受到了什麼是愛的教育，老師生氣的時候，頂多只是瞪大了眼睛，說不出話來而已。阿拉伯語和英語成了我和小朋友們溝通的言語。只有在家或其他中國人家裡我才用國語。我們成了沙漠中特殊的一群族人，每次在市場裡沒逛多久，便會有年輕的男孩子們開始起鬨，然後便如嬉戲般地怪叫一聲「啊——！Bruce Lee! Chinese Kong Fu!」接著擺出架式，一口咬定我們是李小龍的徒弟！當然他們在裝腔作勢的同時亦對我們相當恭敬，這一點要感謝李先生，城裡的電影院從年頭到年尾都在播放他的電影。

一九七七年，約旦和台灣斷交，我第一次了解原來大人的世界原來和小孩子們辦家家酒沒兩樣，今天我和他好了便不能跟你好了。我們一家帶著許多友人的熱淚回到台灣。我進了靜心小學五年級，第一次的歷史填充題將三民主義寫成了山明主意。雖然如此，我的老師和父母依然沒有失去信心，硬是將我擠進靜心中學（那時候靜心小學上中學要經過考試，六班刷成四班）。三年的光陰全泡在為了生存的考試裡。那時的我只想逃離那乏味的環境和沒有生命的書堆。

初二的下學期，我每日的祈禱終於被佛祖聽到了，我們全家又要搬到沙漠裡去了，這一次是沙烏地。我為了終於可以逃脫而高興，只要不再過以考試渡日的生活，我哪裡都可以去，沙漠！南極！哪裡都可以！然而同樣是沙漠，沙烏地和約旦相比，卻成了兩極的世界。約旦人們的開朗和淳樸，是很難在成了暴發户的沙烏地看到的。我們這些異族被放逐到海口的邊緣城市——吉達，以便我們不會太妨礙他們的「嚴謹禮教」和「善良風俗」（回教的禁令裡不能喝酒、不能吃肉、未婚男女不能共處一室……等等、等等的一堆規定）。過了不久，我便發現，原來我只是從一個監獄逃到了另一個監獄而已。好笑的是我們家裡的洋酒都是為了沙烏地政府裡的高官買的，這個事實在每個大使館都是公開的秘密。每次大夥一得通知，便全聚在大使館的院子裡，等著大卡車從未知的方向開來。

卡車裡裝滿了上百種的禁酒，待卡車一熄火，我們每家就依分配，正大光明地將酒一箱一箱地搬回家。父親因為工作關係，結交了一位當地的國防要員，每到黃昏他便打電話到我們家找我爸爸。有時候爸爸不在家，被我接到，他便吱吱嗚嗚地令我起疑。後來我發現，他每次打完電話，確定我爸爸在家之後，沒多久就會出現在我家的客廳。我便奉令為他在中國式的吧台調好威士忌加冰塊，冰塊一定要加滿！少年的我看清楚了這群大人們所玩的把戲，便一心一意地想要脫離，我知道自己不屬於那虛偽的一群。

那時我進入了當地的印度外僑子弟學校，我是全校中皮膚最白，頭髮最短的女孩子。印度是貧窮的，我們的學校也是克難的。大樹從鐵皮教室裡的地上長起，破了屋頂向天空伸長上去，我們一群孩子便在大樹的庇蔭下成長。我開始愛上學校裡的貧窮，至少貧窮的世界裡的精神生活是存在的！

一九八二年的夏天是年輕的我過得最愉快的夏天，像是上天送給我的一個禮物。十六歲的我和好友買黛華到英國遊學，整個夏天我們兩個在仲夏夜之夢般的國度裡盡情遨遊。我開始領悟到浪跡天涯的自在和自由！

同年冬天，我的學校被沙烏地政府勒令關閉，原因是我們男女合校，有礙社會道德，頓時三百多個孩子無學可上。想回英國的我硬是被送去了舊金山。我在舊金山這裡看到了物質世界所帶來的精神貧乏和枯燥，年少的我最後受不了那讓我無法呼吸的物質盒子，逃離到賭場雷諾，將身上所有的錢花光後，離開那讓我傷心的土地。

一九八五年回到台灣，一個我曾熟悉但又遺忘了的地方。進了東吳企管系，唸了半年才明白企管實在不是我的興趣，於是時常翹課，然後在大街小巷尋找自己的興趣。晚上在英語中心教英文，學生們的年紀都比我的大，我卻教的得心應手，這段時間教書比讀書快樂，沒多久我就成功的大學肄業。這年和彼得相遇，我們搬到山上，閒暇時捏泥巴，在山間閒遊，胡思亂寫，一天到晚和朋友們胡說八道。最快樂的是這年我終於離開了父母的「枷」，做了一個自由的平民。

一九八六年春天，和彼得到泰國旅行兩個月，在旅程中偶然地發現一片人間仙境。為了想在仙境買地蓋木屋，我們兩個回台灣後便努力工作存錢。六個月後荷包滿了，我們便回到仙境蓋自己的家園。在這兒，我們每天在海邊看星星，大海和漁船，和村子了人們一起分享大海給人們的獻禮。

同年十二月到了印度，我的靈性像是回到娘家般地舒適，這時我才知道我和這塊土地，和土地上的人們有著前世的因緣。又從印度遊蕩到尼泊爾，我們在喜馬拉雅山的俯視下驚嘆他的美麗！

口袋裡的鈔票剩下薄薄的一層時，我們又回到了台灣。一時沒有住所，沒有錢，一切從頭開始。我和彼得搬到了新店的山裡，並組成了家庭。隔年大女兒出生，我便開始研究做健康食品，做出來的東西只有女兒和先生愛吃。平日粗茶淡飯，讀書，打坐，做瑜珈過日子。彼得開始從事中文翻譯，沒事便打打功夫。假日我們一家便將野餐和孩子一背，到山上一走就是一整天。後來老二出生後也是如此，只是同樣的背架裡換成老二，同樣的布包裡多了一點午餐。女兒的小腳印漸漸地能加入我們的大腳印。孩子們的成長給我們兩個帶來了很多的驚奇，這些驚奇鼓勵著我們夫妻帶著他們繼續我們在地球上的旅程。只要是孩子就會有夢想，我和彼得只不過是兩個大孩子。這次我們兩個的夢想是到加拿大，那個彼得遺忘了十八年的故鄉，遠離塵囂，在鄉間買一塊地，在大地上種新鮮的蔬果給自己吃。再養一頭羊，這樣孩子們便可以喝到新鮮的羊奶（這是我的夢想，不是彼得的）。

一九九五年的夏天我們一家四口到了加拿大的溫哥華島，如願地買了一塊很大的地。從小在都市中長大的我終於種出了滿園蔬菜和香花。在某個偶然的機會裡，我在一個如仙境的島嶼上拜見了我原以為早已不在人世的印度瑜珈大師——巴巴哈里達士。為了遵守戒律，他已經有四十多年未曾開口說話，所有的字語都寫在一小塊黑板上。同年七月我到美國聖塔克羅絲山上接受他的瑜珈教師訓練，從早到晚打坐，做瑜珈，將身心清理得舒暢乾淨。隔年老三出世。之後我開始學太極拳，和瑜珈做一個平衡。並且進入大學的藝術系，藝術讓我又發現了自己藏了多年的某些感情，我終於找到自己所愛做的東西！從現在起我終於了解如何釋放自己，如何善待自己！大家都以為我們家會和每個家一樣安安份份地在這裡住一輩子，但是每當我和彼得想到這一生可能就這樣子在這美景裡葬送一生的時候，總不免垂頭喪氣。

二零零二年的夏天，我們宣布要離開加拿大的時候，驚動了整個社區，大家都覺得不可思議，在那裡，沒有人會想搬到別的國家去，尤其是每一家都知道我們剛花了一大筆錢徹底地整修房子！

然而對我和彼得說，這是我們離開的機會，他得到英國里茲大學翻譯碩士的入學許可！於是我們變賣了家裡所有東西，一家五口帶著大大小小二十件的行李到英國。第一個晚上，我們在里茲火車站讓副站長非常擔心。帶著三個孩子和如山高的行李，我們居然沒有訂旅館？對！我們沒有訂旅館！原來以為旅館一大堆，到了就一定可以找到一家，再說，前一天晚上打包和整理房子搞了通宵的我們，雖然想過，但是沒有一點空隙去做這件事情。而且我們還患著老毛病，在出發前沒有辦法確定是要在倫敦待幾天呢，還是直接坐火車到里茲，結果旅程順利地送我們到里茲！沒想到里茲這個週末有一個足球大賽，整個城市人滿為患！好心的副站長流得滿頭大汗，比我們還著急，讓一點也不擔心的我感到抱歉。他一家一家的打電話，一直打到五十幾家的時候終於幫我們找到了棲息之處。也才鬆了一口氣！

在英國的頭一年，彼得上學，我照顧家。租的房子是加拿大老家的四分之一，但是我和彼得卻覺得快樂無比！第二年，我也蠢蠢欲動，試試看申請彼得唸的翻譯系，結果居然被錄取，我便在此過了一個我這一生最用功的一年！換成彼得每天洗衣、燒飯、帶孩子，他烤的麵包世界第一！辛苦總有代價，我和彼得都如願以償，做完了當學生的夢。夏天，我們帶著孩子們繼續我們的旅程！

二零零四年，我們一家到了台灣，回到新店山上的我和彼得好高興，尤其是能夠帶孩子們一起走過我們兩個年輕時踏過的山路和小溪。站在窗前看著青山、綠水和台北盆地，我心存感激，感謝命運讓我們一家可以回到這塊充滿著生命力的土地。我們將在這塊有著無限寶藏的土地上棲息，然後再和孩子們一起向未知邁去！

廣告回函
北區郵政管理局
登記證北台字第9125號

大都會文化事業有限公司
讀 者 服 務 部　收

110台北市基隆路一段432號4樓之9

寄回這張服務卡（免貼郵票）
您可以：
◎不定期收到最新出版訊息
◎參加各項回饋優惠活動

大旗出版 BANNER PUBLISHING　大都會文化 METROPOLITAN CULTURE

印度流浪記

大都會文化 讀者服務卡

書名：印度流浪記—滌盡塵俗的心之旅

謝謝您選擇了這本書！期待您的支持與建議，讓我們能有更多聯繫與互動的機會。
日後您將可不定期收到本公司的新書資訊及特惠活動訊息。

A.您在何時購得本書：_____年_____月_____日
B.您在何處購得本書：__________書店，位於__________（市、縣）
C.您從哪裡得知本書的消息：
1.□書店 2.□報章雜誌 3.□電台活動 4.□網路資訊
5.□書籤宣傳品等 6.□親友介紹 7.□書評 8.□其他__________
D.您購買本書的動機：（可複選）
1.□對主題或內容感興趣 2.□工作需要 3.□生活需要
4.□自我進修 5.□內容為流行熱門話題 6.□其他__________
E.您最喜歡本書的（可複選）：
1.□內容題材 2.□字體大小 3.□翻譯文筆 4.□封面 5.□編排方式 6.□其他_____
F.您認為本書的封面：1.□非常出色 2.□普通 3.□毫不起眼 4.□其他_____
G.您認為本書的編排：1.□非常出色 2.□普通 3.□毫不起眼 4.□其他_____
H.您通常以哪些方式購書：（可複選）
1.□逛書店 2.□書展 3.□劃撥郵購 4.□團體訂購 5.□網路購書 6.□其他_____
I.您希望我們出版哪類書籍：（可複選）
1.□旅遊 2.□流行文化 3.□生活休閒 4.□美容保養 5.□散文小品
6.□科學新知 7.□藝術音樂 8.□致富理財 9.□工商企管 10.□科幻推理
11.□史哲類 12.□勵志傳記 13.□電影小說 14.□語言學習（　　　　語）
15.□幽默諧趣 16.□其他__________
J.您對本書（系）的建議：

____

K.您對本出版社的建議：

____

讀者小檔案

姓名：__________ 性別：□男 □女 生日：_____年_____月_____日
年齡：1.□20歲以下 2.□21—30歲 3.□31—50歲 4.□51歲以上
職業：1.□學生 2.□軍公教 3.□大眾傳播 4.□服務業 5.□金融業 6.□製造業
7.□資訊業 8.□自由業 9.□家管 10.□退休 11.□其他__________
學歷：□國小或以下 □國中 □高中／高職 □大學／大專 □研究所以上
通訊地址：__________
電話：（H）__________ （O）__________ 傳真：__________
行動電話： E-Mail：

如果您願意收到本公司最新圖書資訊或電子報，請留下您的E-Mail地址。

印度流浪記

作　　者	胡菀如
發 行 人	林敬彬
主　　編	楊安瑜
責任編輯	林昆樺
美術設計	里昂視覺設計
封面設計	里昂視覺設計
出　　版	大旗出版社　　行政院新聞局北市業字第1688號
發　　行	大都會文化事業有限公司 110台北市基隆路一段432號4樓之9 讀者服務專線：（02）27235216 讀者服務傳真：（02）27235220 電子郵件信箱：metro@ms21.hinet.net 公司網址：www.metrobook.com.tw
郵政劃撥	14050529　大都會文化事業有限公司
出版日期	2005年3月初版第1刷
定　　價	220元
ISBN	957821944X
書　　號	Forth -001

First published in Taiwan in 2005 by
Metropolitan Culture Enterprise Co., Ltd.
4F-9, Double Hero Bldg., 432, Keelung Rd., Sec. 1, Taipei 110, Taiwan
TEL:+886-2-2723-5216　FAX:+886-2-2723-5220
Web-ste: www.metrobook.com.tw
E-mail: metro@ms21.hinet.net

◎感謝　印度台北協會照片提供

大旗出版 BANNER PUBLISHING　　大都會文化 METROPOLITAN CULTURE

國家圖書館出版品預行編目資料

印度流浪記：滌盡塵俗的心之旅 / 胡菀如作.
--初版. --臺北市：大旗出版：大都會文化發行, 2005【民94】
面；　公分

ISBN 957-8219-44-X（平裝）
1. 印度　描述與遊記

737.19　　94000539